1921-2021
厦门大学
XIAMEN UNIVERSITY

1921-2021
厦门大学
XIAMEN UNIVERSITY

厦门大学百年校庆系列出版物

百年学术论著选刊

古音学说述略

余　謇　著

厦门大学出版社 XIAMEN UNIVERSITY PRESS
国家一级出版社
全国百佳图书出版单位

图书在版编目(CIP)数据

古音学说述略/余謇著.—厦门:厦门大学出版社,2021.3
(百年学术论著选刊)
ISBN 978-7-5615-7884-1

Ⅰ.①古…　Ⅱ.①余…　Ⅲ.①汉语—古音—研究　Ⅳ.①H11

中国版本图书馆 CIP 数据核字(2020)第 172213 号

出 版 人　郑文礼
责任编辑　薛鹏志　林　灿
美术编辑　蒋卓群
技术编辑　朱　楷

出版发行　厦门大学出版社
社　　址　厦门市软件园二期望海路 39 号
邮政编码　361008
总　　机　0592-2181111　0592-2181406(传真)
营销中心　0592-2184458　0592-2181365
网　　址　http://www.xmupress.com
邮　　箱　xmup@xmupress.com
印　　刷　厦门兴立通印刷设计有限公司

开本　720 mm×1 000 mm　1/16
印张　19.75
插页　3
版次　2021 年 3 月第 1 版
印次　2021 年 3 月第 1 次印刷
定价　99.00 元

厦门大学出版社
微信二维码

厦门大学出版社
微博二维码

总序

厦门大学
党委书记　张　彦
校　　长　张　荣

二〇二一年四月六日，厦门大学百年华诞。百载风雨，十秩辉煌，这是厦门大学发展的里程碑，继往开来的新起点。全校师生员工和海内外校友满怀深情地期盼这一荣耀时刻的到来。

为迎接百年校庆，学校在三年前就启动了『百年校庆系列出版工程』的筹备工作，专门成立『厦门大学百年校庆系列出版物编委会』，加强领导，统一部署。各院系、部门通力合作，众多专家学者和相关单位的工作人员全身心地参与到这项工作之中。同志们满怀高度的责任感和紧迫感，以『提升质量，确保进度，打造精品』为目标，争分夺秒，全力以赴，使这项出版工程得以快速顺利地进行。在这个重要的历史时刻，总结厦大百年奋斗历史，阐扬百年厦大『四种精神』，抒写厦大为伟大祖国所做出的突出贡献，激发厦大人的自豪感和使命感，无疑是献给百岁厦大最好的生日礼物。

『百年校庆系列出版工程』包括组织编撰百年校史、百年组织机构史、百年院系史、百年精神文化、百年学术论著选刊、校史资料与学生名录……有多个系列近一百五十种图书将与广大读者见面。从图书规模、涉及领域、参编人员等角度看，此项出版工程极为浩大。这些出版物的问世，将为学校留下大量珍贵的历史资料，为学校深入开展校史教育提供丰富生动的素材，也将为弘扬厦门大学『自强不息，止于至善』校训精神注入时代的新鲜血液，帮助人们透过『中国最美大学校园』的山海空间和历史回响，更加清晰地理解厦门大学在中国发展进程中发挥的独特作用、扮演的重要角色，领略『南方之强』的文化与精神魅力。

百年校庆系列出版物将多方呈现百年厦大的精彩历史画卷。这些凝聚全校师生员工心血的出版物，让我们感受到厦大人弦歌不辍的精神风貌。图文并茂的《厦门大学百年校史》，穿越历史长廊，带领我们聆听厦大不平凡百年岁月的历史足音。《为吾国放一异彩——厦门大学与伟大祖国》浓墨重彩地记述厦门大学与全国三十四个省级行政区以及福建省九市一区一县血浓于水的校地情缘，从中可以读出厦门大学在中华民族伟大复兴征程中留下的深深烙印。参与面最广的『厦门大学百年院系史系列』、《厦门大学百年组织机构史》，共有三十多个学院和直属单位参与编写，通过对厦门大学各学院和组织机构发展脉络、演变轨迹的细致梳理，深入介绍厦门大学的党建工作、学科建设、人才培养、组织管理、社会服务等方面的发展历程，展示办学成就，彰显办学特色。《厦门大学校史资料选编（一九九二—二〇一七）》和《南强之星——厦门大学学生名录（二〇一〇—二〇一九）》，连同已经出版的同类史料，将较完整、翔实地展现学校发展轨迹，记录下每位厦大学子的荣耀。『厦门大学百年精神文化系列』涵盖人物传记和校园风采两大主题，其中《陈嘉庚传》在搜集大量史料的基础上，以时代精神和崭新视角，生动展现了校主陈嘉庚先生的丰功伟绩。此次推出《林文庆传》《萨本栋传》《汪德耀传》《王亚南传》四部厦门大学老校长传记，是对他们为厦大发展所做出了突出贡献的深切缅怀。厦大校友、红军会计制度创始人、中国共产党金融事业奠基人之一高捷成的传记《我的祖父高捷成》，则是首次全面地介绍这位为中国人民解放事业做出杰出贡献的烈士的事迹。新版《陈景润传》，把这位『最美奋斗者』、『感动中国人物』、令厦大人骄傲的杰出校友、世界著名数学家不平凡的人生再次展现在我们眼前。抒写校园风采的《厦门大学百年建筑》、《厦门大学餐饮百年》、《建南大舞台》、《芙蓉园里尽芳菲》、《我的厦大老师》（百年华诞纪念专辑）、《创新创业厦大人二》、《志愿之光》、《让建南钟声传响大山深处》、《我的厦大范儿》以及潘维廉的《我在厦大三十年》等，都从不同的角度，引领我们去品读厦门大学的真正内涵，感受厦门大学浓郁的人文精神和科学精神。

此次出版的『厦门大学百年学术论著选刊』，由专家学者精选，重刊一批厦大已故著名学者在校工作期间完成的、具有重要价值的学术论著（包括讲义、未刊印的论著稿本等），目的在于反映和宣传厦门大学百年来的学术成就和贡献，挖掘百年来厦门大学丰厚的历史积淀和传统资源，展示厦门大学的学术底蕴，重建『厦大学派』，为学校『双一流』建设提供学术传统的支撑。学校将把这项工作列入长期规划，在百年校庆时出版第一辑共四十种，今后还将陆续出版。

『自强！自强！学海何洋洋！』一百年前，陈嘉庚先生于民族危难之际，抱着『教育为立国之本，兴学乃国民天职』的信念，创办了厦门大学这所中国历史上第一所由华侨独资建设的大学。一百年来，厦大人秉承『研究高深学术，养成专门人才，阐扬世界文化』的办学宗旨，在实现中华民族伟大复兴的征程上书写自己的精彩篇章。我们相信，当百年校庆的欢庆浪潮归于平静时，这些出版物将会是一串串熠熠生辉的耀眼珍珠，成为记录厦门大学百年奋斗之旅的永恒坐标，成为流淌在人们心中的美好记忆，并将不断激励我们不忘初心继承传统，牢记使命乘风破浪，向着中国特色世界一流大学目标奋勇前行！

张彦　张荣

二〇二〇年十二月

『厦门大学百年学术论著选刊』编纂说明

为反映和宣传厦门大学百年来的学术成就和贡献，挖掘厦大学术丰厚的历史积淀和传统资源，为学校『双一流』建设提供学术传统的支撑，『厦门大学百年校庆系列出版物』丛书下设『百年学术论著选刊』系列，以精选、重刊一批我校学者在校期间撰著的、具有重要价值的学术论著。

为此，学校设立『百年学术论著选刊』编纂组，在以校党委书记张彦、校长张荣为主任的『厦门大学百年校庆系列出版物』编委会指导下具体负责这项工作。编纂组组长：洪峻峰；成员：朱水涌、钞晓鸿、高和荣、蒋东明、石慧霞。

鉴于学校将把收集、整理和重刊我校学术论著列入长期规划，今后分辑继续此项工作，『百年学术论著选刊』系列划定选稿范围，内容为百年来在我校工作过的已故学者在校期间撰写或出版的论著，时间以『文革』之前刊印或完成（稿本）为限；确定刊印形式，为原书、原稿影印出版。编纂组于二〇一九年三月向全校各学院、研究院征集选题，同时利用图书馆及图书数据库检索渠道搜索相关文献、查找合适选题。论著的遴选侧重名家名著，同时关注民国时期稀见版本和未刊稿本，包括未曾正式出版的油印本教材。经学院推荐、文献检索和专家筛选，学校『百年校庆系列出版物』编委会确定了四十种入选论著。我们随即展开对论著影印底本的选择和寻访，工作得到了有关图书馆、藏书家的支持和帮助。同时，约请我校各学科相关专业的专家学者分别为各书撰写出版前言，介绍作者生平学术和论著内容价值，揭示其学术史意义及在我校的学术传承。各书前言还将汇编成集，同时出版。论著选刊工作得到了原著作者的亲属、弟子多方面的支持。部分作品的著作权尚在保护期内，我们也征得其继承人的支持并签约；个别作品无法联系到著作权继承人，我们将公布联系方式，敬请他们与出版社联系。

本系列丛书从启动到编成历时两年整。在编纂过程中，学校图书馆、社科处和出版社作为这项工作的协作单位，分别承担了大量的繁杂事务，编纂组秘书黄援生、林灿，以及朱圣明、刘心舜和校图书馆古籍特藏与修复部有关人员，做了许多具体工作。

『厦门大学百年学术论著选刊』的编纂，是对我校百年来学术文献资源的一次大规模的搜集、梳理和开发。厦大的学术底蕴和文献资源极为丰厚，第一次选刊难免挂一漏万。经过这次编纂工作的探索，学校今后的分辑整理出版规划将会更加完善。

厦门大学百年学术论著选刊　编纂组

二〇二〇年十二月

厦门大学百年学术论著选刊（四十种）

《中国文学变迁史略》　刘贞晦　著
《教育学原理》　孙贵定　编
《中国古代法理学》　王振先　著
《石遗室诗话》　陈衍　著
《历史哲学》　朱谦之　著
The Development, Significance and Some Limitations of Hegel's Ethical Teaching（《黑格尔的伦理学说》）　张颐　著
《汉文学史纲要》　鲁迅　著
《马哥孛罗游记》　张星烺　译
《闽南游记》　陈万里　著
《厦门音系》　罗常培　著
《教育概论》　庄泽宣　著
《艺术家的难关》　邓以蛰　著
The Li Sao: An Elegy on Encountering Sorrows（《离骚》）　林文庆　译
《老子古微》　缪篆　著
《教育与学校行政原理》　杜佐周　著
《教育社会学》　雷通群　著
《国际私法》　徐砥平　著
《地理学》　王成组　著
《货币银行原理》　陈振骅　著
《文化人类学》　林惠祥　著
《教育之科学研究法》　钟鲁斋　著

《厦门大学文学院文化陈列所所藏中国明器图谱》郑德坤 编著

《因明学》虞愚 著

《实用微积分》萨本栋、郑曾同、杨龙生 编著

《大学普通化学讲义》傅鹰 著

《中国文学史》林庚 著

《史学方法实习题汇》谷霁光 编

《语言学概要》周辨明、黄典诚 译著

《英美法原理》[美]阿瑟·古恩 著，陈朝壁 译述

《中国官僚政治研究》王亚南 著

《西洋经济思想》郭大力 著

《古音学说述略》余謇 著

《明清农村社会经济》傅衣凌 著

《隋唐五代史纲》韩国磐 著

《会计基础知识》葛家澍 主编

《文昌鱼》金德祥 著

《泛函分析》李文清 著

《胚胎学讲义》叶毓芬及山东大学胚胎学教研组、汪德耀 编

《浮游生物学概论》郑重 著

《海水分析化学》陈国珍 主编

前言

林寒生

一、余謇生平及其遗著

《古音学说述略》，含《古音学说述略》（又名《宋以来研究古音诸家学说述略》）和《国音沿革》二种，系已故厦门大学国文系教授余謇遗著。

余謇（一八八六—一九五三），字仲詹，别署苦竹溪民，江西南昌人，音韵文字学家。①清光绪二十九年（一九〇三年）中举，宣统元年（一九〇九年）考入京师大学堂，专攻经学、左传门。一九一二年五月，京师大学堂更名为北京大学，改学中国文学门，次年毕业，被授予学士学位。此后，曾于江西省立法政专门学校及南昌一中、二中、女师、女中等任国文教员。五四运动时期，创办过白话文刊物，宣传新文化。一九二五—一九二七年，受聘江西心远大学教授，兼任江西省教务厅总务科长，旋即转任南昌市政府秘书。一九二七年起，受聘厦门大学教授，历任中国文学系（国学系、国文系）主任、文学院代理院长等职。曾不惧风险支持并掩护进步学生革命运动，为中共地下组织长期保管机密文件直至解放，被称为『民主教授』。解放初期曾作为特邀代表出席厦门市首届人民代表会议。有关方面力邀其出任厦门大学临时校务委员会主任委员之职，因体弱多病坚辞不就，后改任首席校务委员。

履职期间，工作细致审慎，一丝不苟，作风民主，认真负责。

余謇教授年轻时便富有才情。据其师兄、江西新建胡先骕《京师大学堂师友记》称，余謇在校期间是『知名者』『经训书院高才生』，『曾领乡荐，精音韵训诂之学，故在经院亦为诸名师所礼重』；『改步后，在本省名中学任讲席，甚有声誉』。作为京师大学堂校友，他与汪辟疆、王易二位江西同乡才子均以才学著称，被时人称为『江西三杰』，加上与其齐名的心远大学熊公哲，同被称为『江西四子』。

余謇教授不仅满腹经纶，而且是厦门大学一流教学名师。他毕生研治汉语音韵、训诂、文字之学，造诣精深。同时，对《诗经》、《左传》、《史记》、韩柳、词曲等文史著作也有专深研究，创获颇丰，常能发前人所未发。他治学勤奋，严谨苛细，每日闻鸡起舞，燃烛而读，手不停披，口不绝诵，其所积累手抄珍本达万余册之多。由于厚积薄发，尤其『口才极好，又精于措辞，讲起书来，从容不迫』。又善于调度戏曲表演中的声腔与眼神、手势等身体语言元素，使听课者往往深受感染，心中久久不能平静。由于他教学效果『压倒群伦』，魅力超常，以至系内系外，甚至校内校外，常有诸多人士慕名而来『蹭课』，教室中总是济济一堂，座无虚席。②他的同事、后来中文系主任继任者郑朝宗教授，乃至许多曾经亲临听课的师生员工，对这位学问大师的一流教学水平，均有饱含深情的夸赞和忆念。著名语言学家、余謇暨周辨明教授的高足黄典诚教授在给自己的研究生上课时，屡屡提及余老在国学与小学方面学问渊博，并无限钦敬地称他是『全校上课最好的老师』。

余謇先生早年曾有过埋头学问成一家之言的宏愿，但在学术史中却未留下传世著作，因而被人误以为『述而不作』，或『会讲不会写』。郑朝宗教授对此也心存悬疑。一次他问余老：『您学殖丰富，又善属文，为什么不留下一点东西给后代的人？』余老听毕，微笑着说：『有太炎和季刚（黄侃）他们的著作在前头，我还写些什么呢？』在他心目中，他终其一生倾尽全力的学问音韵训诂文字之学，已由章黄师徒研究得臻于美善，其他人的探寻难出其右，倒不如把全副力量用在他的特长教学方面。在郑朝宗教授眼中，他是『学殖丰富，又善属文』的学术大师，绝非『会讲不会写』的一般教书匠。至于其所谓『述而不作』，则是一种眼界宏阔、无突破性成果绝不轻付笔端的学术追求。而他倾心教学、全力培植后进的无私精神，则体现了杏坛耆宿对祖国教育事业的无限忠诚和献身精神，同时也不失为一种明智的选择。③

余謇教授虽无正式出版的传世之作，却为后世保留了大量学术研究稿本。据有关方面证实，他临终前曾把自己未付梓刊刻的一批手稿和油印本捐赠给了为之长期服务的厦门大学，由校图书馆收藏。这些著述稿中，学术著作约占一半。其中，属于汉语音韵学的，有《古音学说述略》《韵书沿革》《古音韵辨》《古韵对转探证》《诗经不用合韵说》《广韵纽首分类对转图》《段懋堂所谓古合韵之字除〈诗经〉外分三类录》《国音沿革》《国语发音学》《声韵学及声韵学史》《新国音韵部》等；属于训诂学的，有《诗经草木虫鱼鸟兽注》《诗经籀略》《纬书内容举例一卷》；属于文字学的，有《文字学三卷》《许书误解正略》《六书类别》《形声字研究》《释典》等；属于语法学的，有《中国文法》。讲义有《国学讲义》《尔雅讲义》《文字学讲义》等多种。学术笔记，则有《宝瓠斋集文录》《宝瓠斋选录》《宝瓠斋随笔》《读书札记》。上述论述，有定稿，也有草稿；或已编印成册，或为手抄稿本。它们均为作者个人研究心得，且具有重要学术价值。

「宝瓠斋」是余謇书斋雅号。《说文》「瓠」「匏」互训，实即葫芦，故「宝瓠斋」即「宝葫芦斋」。余謇给自己书斋取了个如此诙谐有趣的雅号，暗示他书斋中收藏有许多「宝贝」，只有用心探寻的人，才能如获至宝，而不至于「身入宝山空手回」，从中显示了他对自己精心研究成果的珍惜与宝爱，因而不轻易示人。同时，也可从中看出，他也期盼着有机会遇见学术界「识宝者」有朝一日能揭开此「宝葫芦的秘密」，对他所倾注满腔心血的学术论著给予充分认识和客观、公允的科学评价。最后，从其临终赠书之举，更可看出他期盼前辈学者所开拓的学术事业和优秀遗产，能在大学校园薪火相传、弘扬光大之拳拳热心！

值此百年校庆即将来临之际，校部设立「厦门大学百年学术论著选刊」系列，精选了一批在校工作过的已故学者撰写或出版过的具有重要学术价值的论著影印出版，余謇的遗著《古音学说述略》（又名《宋以来研究古音诸家学说述略》）及其附录《国音沿革》正式入选，并嘱笔者为之撰写出版前言。作为余老先生的再传弟子，有机会为弘扬光大前辈学者的学术事业贡献绵薄，对笔者来说，非但深感荣幸，也是义不容辞。

早在二十世纪二十年代，语言学大师林语堂、周辨明、罗常培、沈兼士等便在厦门大学首开语言学研究之先，嗣由周辨明、余謇教授等著名学者推波助澜，把传统语言学研究引向深入。而二位大师的高足黄典诚教授，年轻时便亲炙余謇先生的音韵训诂文字之学之精髓，并充分吸收周辨明先生传授的西方现代语言学研究方法，走研究音韵和研究方言相结合、考古与审音相结合之路，从而在汉语语音发展史的探寻中闯出一条新路，其所发明的汉语声韵发展『不平衡律』（又称『典诚律』），已成为现当代汉语史研究中最重要的创获，迄今为止无人超越。影印出版余謇教授的《古音学说述略》这部富有学术价值的遗著，对了解厦门大学历代学者的学术成就和贡献，以及他们之间世代传承、渊源有自的优秀传统，与推动我校教学和科研的深入开展，均有重要的现实意义。

二、《古音学说述略》的学术价值

《古音学说述略》（一称《宋以来研究古音诸家学说述略》）是余謇教授介绍宋代吴棫以来古音学家探讨上古汉语音韵系统的过程、方法与成就的一部专著。汉语音韵学中的古音，指周秦两汉时期的汉语音韵系统，亦即上古音。隋唐时期，以《切韵》音系为代表的语音，连同宋代语音，通常称中古音，音韵学上习惯称为『今音』。元明清时期的语音，以《中原音韵》为代表，习惯上称近代音。至于五四运动前后直至现当代的汉语语音，就是我们常说的现代汉语或普通话。

上古汉语音韵研究，在汉语音韵学中占有极为重要的地位。古代学者在研究这门学问的过程中，经历了漫长、曲折的过程，才从早期的迷蒙和疑惑中走了出来，探寻到一条正确的道路。经过历代学者的不懈努力、潜心研讨、迭有发明，研究的结论渐趋严密、臻于美善，从而使人们对于上古汉语语音的面貌有了比较清晰的了解。余謇教授的《古音学说述略》正是通过介绍与评述历史上不同时期学者有关探讨上古汉语音韵的主要论著，向人们揭示了上古汉语语音声韵调的主要特征，以及上古汉语语音系统到中古发展变化的内部规律。

本书内容可简单分为两个部分：专著开头，用一千二百字的篇幅，简要地叙述了全书内容，可视为一篇简要的上古汉语语音研究小史，全文扼要地向人们展示了历代学者研究上古音韵的主要贡献；该书主体部分，依时间发展为顺序，逐一介绍自宋代吴棫开启的十四位古音学家的生平、籍贯与论著，然后择要介绍其论著中有关古音研究的主要论著或观点，并引述《四库全书总目提要》或权威学者看法，间或参以私见，对其学术贡献做出评价。

通过本书的介绍，读者将对我国古音研究的历史、内容、途径，以及历代学者在古音研究领域中所做出的卓越贡献，有一个大体的了解。同时，还可对长期以来被人们视为『天书』的汉语音韵学，以及与其血脉相连的训诂学、文字学这三门传统学问有一定的了解和感知，并激发他们学习与进一步研讨的兴趣。而对于有志于投身传统语言学研究的年轻硕士生和博士生来说，本书的影印出版，则为他们提供了一份具有重要学术价值、同时又十分难得的参考资料。

声音之道，稍纵即逝，『其流变转换，与时更易，亦莫之为而为。于是有古音今音之别。然古人往矣，其音亦随之而邈。居今稽古而欲举二千载以上之音审察而分析之，固非易易矣』④。虽则如此，而汉唐时代，已有儒生论及。如郑康成笺《毛诗》云：『古声填、寘、尘同。』刘熙《释名》说：『古者曰车，声如居，所以居人也；今曰车，声近舍。』等等。然此学未有专书，只散见于某些篇什中。唯唐陆德明《经典释文》『颇能保存古音』，并有所谓『古人韵缓，不烦改字』之语。但『其所考见者，甚为寥寥』⑤，不成系统。虽则如此，其古今音异之意识确已产生。

本书指出，周秦古音研究，导源于宋代吴棫。他『作《毛诗补音》《楚辞释音》《韵补》等书，就《广韵》之二百六部注「古通某」「古转声通某」「古通某或转入某」以发明古今韵之异同，虽其分合之处疏舛甚多，然专著一书以明古音者，实权舆于此。朱子注《诗》多采其说』⑥。清代古音学家钱大昕也盛赞吴棫『博考古音，以补今韵之阙，虽未能尽得六书谐声之原本，而后儒因是知援《诗》《易》《楚辞》以求古音之正，其功已不细。古人

「依声寓义」，唐宋久失其传，而才老独知之，可谓好学深思者矣」⑦。《四库全书总目提要》批评吴著《韵补》等书「泛取旁搜，无所持择」，其所引书五十余种「参错尤杂，漫无体例」，然又坚定地认为，「自宋以来，著一书以明古音者，实自吴棫始」。⑧

吴棫首创古韵通转之说，把古音粗略地分为九部。嗣后郑庠则继其后，进一步分古音为六部。不过二人的古音分部，主要是把后代韵书中的韵部加以合并通用而已，虽有筚路蓝缕之功，对后人有一定的启发作用，但由于不明本音，难免有强今而就古之嫌。此一局面，直至明代音韵学家陈第的古音理论问世才得以彻底改观，从而破除叶音迷障，进而探明字音本源。这是陈第研究的重点，也是他的首创。

六朝时代，晋人徐邈作《毛诗音》，梁人沈重作《毛诗集注》，二人以当时语音读古诗，遇不合处便归之于「叶音」或「协韵」。如《邶风·燕燕》三章：「燕燕于飞，上下其音。之子于归，远送于南。瞻望弗及，实劳我心。」沈重于《毛诗音》「远送于南」句下注：「协句，宜乃林反。」即其例也。唐朝，此一主观叶韵改字之风蔓延，以致出现了「改经」的怪事。唐玄宗在读《尚书·洪范》至「无偏无颇，遵王之义」时，感到「颇」「义」二字不协韵，竟然提出改「颇」为「陂」，以削足适履。陈第在《毛诗古音考·自序》中郑重提出：「盖时有古今，地有南北，字有更革，音有转移，亦势所必至。故以今之音读古之作，不免乖剌而不入，于是悉委之叶。夫其果出于叶也，作之非一人，采之非一国，何母必读米，非韵杞韵止，则韵祉韵喜矣；马必读姥，非韵组韵黼，则韵旅韵土矣；京必读疆，非韵堂韵将，则韵常韵王矣；福必读偪，非韵食韵翼，则韵德韵亿矣。厥类实繁，难以殚举。其矩律之严，即《唐韵》不啻。此其故何邪？又《左》、《国》、《易象》、《离骚》、楚辞、秦碑、汉赋，以至上古歌谣、箴铭、颂、赞，往往韵与《诗》合，实古音之证也。」⑨于是他「稍为考据，列本证、旁证二条」⑩，二者俱无，则以其他经、子书中用韵为旁证。《诗》中韵字，凡收四百九十八字。《屈宋古音义》，凡收三百三十四字。其《读诗拙言》一书，又提取《说文》形声字例，以证《毛诗》音读。其考求古音，能籀绎通则，钩稽参验，本末秩然。书中用例，则言必有证，典必探本，令人服膺。其研究结论，则大畅古今音变之旨，一扫唐宋以来支离破碎之谬说，而开清代音学诸家之学派，可谓居功至伟。『较诸吴棫、郑庠之流，拘执《广韵》分部以通转古音者，相差奚啻霄壤！』⑪自兹而后，清代学者才彻底摒弃『叶音』旧说，在古音学领域探索中迈步向前，并取得丰硕成果。

自从明代陈第发明了语音变化的时地理论之后，古音研究找到了正确的途径和方法。然而陈氏之书仅止于考证古韵读法，未能进一步概括出古韵部居，人们便不了解上古韵部体系，也就不可能认识到上古到中古汉语韵部发展变化的规律。这种遗憾恰恰给后世的古音学家进一步研究预留下广阔的空间。在本书中，我们看到，顾炎武的古音学研究，则在这方面树立起一座丰碑。他是清代学术界的开创人，也是清代古音学研究的奠基人。顾炎武能在陈第开创的古音韵读基础上概括出韵部，首创古韵十部的重要成绩，人们便可借以与《广韵》二百零六韵加以比较，探寻其纵向的分合演变，从中发现汉语音韵不同历史阶段的内部演进，从而考察出声韵调等方面所显示出的动态轨迹。此外，顾氏还改变了中古《切韵》入声与阳声韵相配的传统，以入声与阴声相配，揭示了上古入声韵与阴声韵的关系，反映了上古时代语音的实际。其所开创的上古韵部研究及结论，在该领域中产生了深刻影响。

国学大师王国维在《周代金石文韵读序》中总结清儒的古韵研究时说：『古韵之学，自昆山顾氏，而婺源江氏，而休宁戴氏，而金坛段氏，而曲阜孔氏，而高邮王氏，而歙县江氏，作者不过七人，然古音二十二部之目遂令后世无可增损。故训名物文字之学，有待于将来者甚多，至古韵之学，谓之前无古人，后无来者可也。原斯学之所以能完密至此者，以其材料不过群经诸文及汉魏有韵之文，其方法则皆因乎古人音韵之自然，而不容以后说私意参乎其间。其道至简，而其事有涯。以至简入有涯，故不数传而遂其极也。』⑫在王国维眼中，清代学者研究古音之所以有重大突破，成就辉煌，主要经验有二：一是取材繁富精准；二是研究方法科学。以顾炎武为例，他研究古韵，首重先秦《诗经》押韵，又兼取群经诸文及汉魏有韵之文，同时还拓开眼界，旁及《说文》谐声、异文、异译、读若、音训、方言、传注之类，视野开阔，证据充足。在研究方法上，他采取『沿流而溯源』的科学方法，先是离析《平水韵》，使之回到《唐韵》，此即『据唐人以正宋人之失』，『一变而至鲁』；然后再『借今音离合以求古音』，此即『据古经以证沈氏唐人之失』，『一变而至道』（见《答李子德书》），进而离析《唐韵》，分古韵为十部，从而为清代古音学研究奠定了基础（见顾氏《音学五书·序》）。

顾炎武的治学经验，给了后学许多启示。后来的古音学家，便是在他研究的基础上深入探索，从而在周秦古音分部方面各有发明，渐趋严密。如江永作《古韵标准》，倡考古与审音相结合，在顾氏十部的基础上，益以元、覃、尤三部，共为十三部。段玉裁作《六书音均表》，另分支、脂、之三部，真谆、尤侯各二，得十七部。戴震晚年作《声韵表》，采段氏支、脂、之三分法，并依江氏并真谆为殷、尤侯为讴，另别霭于乙，将入声九部独立，得二十五部。孔广森作《诗声类》，大体准据段氏，又略并合，得十八部。王念孙作《古韵谱》、江有诰作《诗经韵读》皆分二十一部。章炳麟作《成均图》，由脂部分出队部，得二十三部，晚年又合冬于侵，改定二十二部。而黄季刚承诸大师后，衍戴、章余绪，分古韵二十八部。大抵『前修为密，后出转精』。古韵之研究至此遂臻其极也。其中则又以戴震、孔广森的『阴阳对转说』，段玉裁的『同谐声者必同部』『古四声不同今韵说』贡献最大，也最为人所称道。而钱大昕及章太炎的『古今声纽不同说』对上古声母的研究也有重要开拓，令人耳目一新。

王力教授指出：『古音学的最高理想，在乎考定古代每一时期的音值，而不仅在乎考定当时的语音系统。』⑬但汉字不表音，当时也没有音标，这些局限使人们对古韵音值的研究受到了很大限制。例如段玉裁虽首创支、脂、之三部分立，当时古音学家曾为之击节赞赏，而三个韵部实际读音之别，却未能宣诸唇吻，以致后来他在去信江有诰时无限感慨地表示：『足下能知其所以分为三乎？仆老耄，倘得闻而死，岂非大幸？』汉字不表音，探讨其音韵难度倍增，清儒的古韵研究，竟能做得如此出色，更显得难能可贵。特别是他们在研究古音时，能以严谨的态度、科学的精神，对史料加以归纳取舍，终于得出合乎实际的科学结论。仅此一端，已足以让后人顶礼膜拜，并激励后学踵武前贤，继续探索与进取。

清代古音学家探讨汉语上古音韵的丰硕成果，他们沉潜学问的献身精神和科学态度，给我们留下一份极其珍贵的学术遗产，值得我们后人继承和弘扬光大。

上述这些，便是余謇教授《古音学说述略》一书为我们提供的丰富内容及其在古音学说研究方面的主要贡献。人们通过该书的研读，可以对古音学说史中感兴趣的问题寻找到自己的答案，并从中得到有益的启迪。

汉语音韵学学问艰深，古音学说研究更须学殖深厚、善于开掘。本书在论述古音学家成就和贡献方面，重视对每一位学者研究观点的阐述和评介，可谓抉择材料精要，评介得体到位，行文之中，不乏高见卓识。然因时代局限，或因某种因素，书中难免也有所疏漏，如能稍作纠谬补阙，或臻于完善。兹特提出以下三例，以供同好参酌。

比如古音学家江有诰，曾著《音学十书》，其在清儒中，经学名声虽不及戴、段诸氏，但他起先分古韵二十部，比段氏多出三部：祭泰夬废一部、葉帖业狎一部、缉合另一部。他还把盍洽分开，一半归叶，一半归缉。此二部无平上去，仅有入声。一反顾、段以缉盍配侵谈做法。后发现孔广森《诗声类》中东冬分韵，欣然宗之，增至二十一部。江君友人夏炘著《诗古韵表二十二部集说》赞成其二十一部，并采纳王念孙至部独立之说，定古韵二十二部。这些均受到国学大师王国维的首肯，[14]然而本书却略而不提，似乎欠妥。

又罗常培提出清代学者对于古声纽之发明，『钱大昕外尚有邹汉勋氏』，并列举邹氏所作《五均论·廿声卌论》中之二十三至三十六诸目计十四条（诸如二十三，论类隔知端六声本为三声，本晓徵说；二十四，论照穿床审当析为照穿神审甾床所……），『虽并有录无文，散佚已久，然甾初床所之分，禅定及泥娘日之合，晓之离为二，喻匣之并为一，以及字组有本音有流变之说，则与此后陈澧、章炳麟、曾运乾、黄侃所考不谋而合，乌可听其淹没不彰耶？』[15]

顾炎武古音研究，意在复古。他作《唐韵正》，非要『以今读今，以古读古』，而是要以古音来正《广韵》。他批评周颙、沈约『不能上据《雅》《南》，旁摭《骚》、子』编制韵书。其《音学五书·序》云：『天之未丧斯文，必有圣人复起，举今日之音而还之淳古者。』还在《音论》中指出，自己研究入声与平上去关系，是为了『三代之音久绝而复存』，复原古音。[16]古音研究目的是为了了解汉语语音发展史，而不是为了复古，顾氏的想法显然不可取。又其《唐韵正·麻部注》提出，『麻韵本西音，中国古时无之』[17]。按，《广韵·麻部》中字，上古半属鱼虞模，半属歌戈，汉代模韵转入歌戈，而其杂入麻者不可反矣。顾氏以为『麻韵本西音，中国古时无之』，难免武断。

该韵历代古音学家拟音一般为[a]或[ɑ]，这是没有疑问的。在国人来说，这个音自属中华民族本有，且世代传承，至今普通话或各地方音，概莫能外，言其传自『西音』，究属子虚乌有，须予指明。

三、《国音沿革》述评

《国音沿革》是余謇教授编写的一本讲义，也是未曾付梓的油印本。所谓『国音』，按语言学界的说法，指的是『国语』的语音。沿革，原指事物发展、变化的历程。顾名思义，『国音沿革』，就是专讲国语（今称现代汉语）语音发展变化的历史过程的，因此，该讲义可径称为『汉语语音史』。

从内容看，本讲义可分为三大部分。

第一部分，即第一讲，为古今音变总论。作者把古今汉语标准音的变化分为六期，并提出分期的依据。

第一期，周秦。社会通行的标准音是雅言，即王都之音。《诗经》《楚辞》及诸子韵文中的韵语，《说文》形声字中的谐声声母是依据。第二期，两汉。因战国时期诸侯纷争，导致『言语异声，文字异形』，语言纷杂，无标准语，秦时虽行『书同文』，但国祚短收效微，雅言难恢复，方音错出。此二期可合二为一。

第三期，魏晋南北朝。魏李登《声类》、晋吕静《韵集》等韵书问世，虽『各操土音，音韵锋出』，却『共以帝王都邑，多参校方俗，考核古今，为之折衷』[18]。第四期，隋唐宋。《切韵》《唐韵》《广韵》《集韵》四部韵书接连问世，『因论南北是非，古今通塞』，欲『捃选精切，除削疏缓』[19]，兼采南北之音为标准音；唐末守温字母问世，专论音纽。此二期亦可合并。

第五期，元明清。此期因政治改变，文字革新，出现《中原音韵》《洪武正韵》等韵书，北方官话成标准音。虽以新韵书为据，但与旧韵书已有大别，故独立一期。

第六期，民国时期。国音，即现代音出现，以音标为据。同样，独立一期。

上述对汉语史分期，与近现代学者分法大同小异，大体上符合汉语语音发展变化历史实际，是可以接受的。

第二部分，即讲义的『第二讲』，『声韵与反切』。从现代语音学角度，对古代传统汉语音韵学中的专门名词术语做出科学合理的诠释。汉语音韵学历史悠久，自古而今积累了大量资料。今人要归纳历代语音系统，须对其加以整理审定。尤其书中名词术语较为罕见，佶屈聱牙，且不同读者往往理解不同，易出歧义，故需加以通俗解释，以扫除障碍。例如古代学者称声母为声、纽、音纽、体等；称韵母为韵、势等。上述名称又往往与元音、辅音等有所交叉，不可等同。本讲义就『声』所涉及的『声类、纽、无声仆音和有声仆音』，『韵』所涉及的『韵部、等呼、单纯元音、复合元音、附声的元音、四声、韵摄』，以及『反切』等，逐一加以阐释。

这部分内容是采用现代语言学理论解释汉语音韵学这门艰深学问的必经步骤，也可以视为汉语音韵学的通俗解释。

第三部分，乃讲义主体部分，包括全书第三、第四、第五、第六共四讲内容。这部分先向人们介绍现代汉语标准音——注音字母，然后采用追溯形式，分期介绍元明清三代、魏晋到唐宋、周朝等不同历史阶段的汉语标准语语音。通过整本讲义的研读，人们对国音沿革，亦即汉语语音发展演变的历史轨迹便有了整体印象。

例如第三讲『现代的标准音——注音字母』，主要介绍注音字母方案发生的历史。文中指出，注音字母的出现，始于欧美人学习汉字的需要，以及知识界人士有感于汉字之难识难写，提倡普及教育，开通民智之需求。其中王照创制的以北京方音为主的官话字母『最占势力』；劳乃宣创制的『简字』一度成为谋国语统一及教育普及工具，『几近实行』。一九一三年，教育部召集国语读音统一会制定、公布的注音字母方案，几经修订、完善并付诸实施。文中对劳乃宣主张注音字母应『取全国中最多数和声韵最简少之音，并拟定用二十一母、十六韵、阴平、阳平、上去入五声』的意见最为肯定，以为『从多数则普及易；从简单，则学习易也』。

第四讲『元明清三代的标准音』，重点介绍周德清《中原音韵》音韵系统，并附带说明明乐韶凤《洪武正韵》、无名氏《字母切韵要法》、樊腾凤《五方元音》三部韵书的声韵特点。作者认为，近代标准音声母，可用兰廷秀《韵略易通》中的《早梅诗》（『东风破早梅，向暖一枝开。冰雪无人见，疑是天上来』）中之二十字为代表。《五方元音》准此。韵部方面，他肯定《中原音韵》『是依据当时曲文用韵编成，能反映实际语音』，并对《广韵》以来中古韵部到近代的分合演变作了说明。他提出《中原音韵》一书寒山、桓欢、先天分立，桓欢不是寒山的合口，先天也不是寒山的齐撮，以及侵寻、监咸、廉纤是保留[m]尾的闭口韵等观点。这与诸家无别。关于入声问题，他赞同《中原音韵》『平分阴阳，入派三声』的说法。而对于《洪武正韵》一书，他认为书中对入声的分配『和《广韵》一样』，『殆是官书』的原故，是用以『调和新旧』，实无必要。其中之萧、爻两韵，一齐一开，须于合并。至于《字母切韵要法》，成书晚近，除儿母读音外，与国音韵母全同。他还认为，《五方元音》一书把[i]、[u]、[e]三个元音合并成『地』韵，纯属讹误，且书中杂有北部方音，难以通行全国。最后，他对《五方元音》一书声母与国音作了比较，发现见组声母尚未颚化，疑母已然消失，中古云、以母已归并入影母（零声母），国音中『万』（古微母）仍读为[v]。上述意见，均颇合理。

第五讲为『魏晋到唐宋时代的标准音』。这一讲中，关于声纽，作者认为，《切韵》有三十三声母，《唐韵》有四十一声母，而《广韵》也有四十一声母。与国音比较，则有以下特点：中古全浊声母（即『並奉定澄从邪崇船禅群匣』等母），北方读送气浊音，南方读不送气浊音；次浊声母（即『明微泥娘日疑来』等）仍读次浊。而非组（即『非敷奉微』）均为唇齿音，娘纽并入泥母，舌头音（即『端透定』）则分化出舌上音（即『知彻澄』），发音近舌叶音，明清时与舌叶音（指庄组『庄初崇山』）并入照组（即『照穿神』）。中古的庄组（舌叶音）与章组（舌齿音）宋元后多数合并，少数庄组字转为舌尖音（即精组）。国音中之舌面音[tɕ、tɕʻ、ȵ、ɕ]由中古见组（即『见溪群疑』）演变而来。至于中古韵部，文中首先解释四声韵部不齐的原因（如平声五十七部，上声五十五部，去声六十部，入声三十四部），然后指出：《广韵》韵部多达二百零六个，是由于该书『所包，兼有古今方国之音，非并时同地得有声势（即元音）二百六种也』[20]。此一观点是袭用章太炎的意见。此外，作者对后世某些属文之士遵用的《平水韵》一类韵书持贬斥态度，认为是『无知妄作』。对等韵学中之韵摄，也有所异议，并以私意将十六摄拆散为十九摄。

第六讲为『周朝的标准音』。周朝标准音是雅言。作者先据章太炎意见，将其声母定为二十一纽：帮滂並明、端透定、泥来、照穿床审禅、见溪群疑、晓匣影。文中认为，上古无轻唇（即『非敷奉微』）与舌上音（即『知彻澄』），也没有『娘』『日』（『娘』『日』归『泥』），也未有『喻』母，并提出章氏的『照穿床审』实『精清从心』之误，『禅』母实应为『邪』，而其声纽以见组为喉音，以『晓』『匣』为牙音，属于部位倒置，等等，说法可信。之后作者又参照黄侃的说法，即《广韵》中七十三韵只与十九声纽相拼，并将『群』『禅』（实际是『邪』）二纽删除，余十九纽。至于周音韵部，章太炎定为三十二部，但他韵目表中之入声韵『泰队至』『缉盍』定为去、入韵，同时把『泰队至』三部列在阴声韵下，而把『缉盍』二部列在阳声韵中，归类混乱，分配不当。后黄侃据『周音于四声但有平入、没有上去，将上列之七十三韵除开上去两声尚有三十二韵，又开合当并为一韵……如是则三十二韵可并为二十八韵』。[21]将其与章氏分部比较，则多出『屋沃铎锡德』五个入声韵，且将入声附阳声韵下，似较合理。周朝声韵，至此可下一结论了。

本书作为讲义，具有如下三方面特点：

首先，书中讲述《国音沿革》，先讲汉语史分期，给人们以粗略印象；然后又从现代语音学角度，对汉语音韵学涉及的名词术语加以解释，为人们进一步探讨汉语音韵发展过程扫除理解上的障碍；最后，则以现当代国音的声韵调为基础，追溯历史上不同阶段标准音的特点及成因。其作为一部教材，可谓内容完整，资料丰富，叙述有序，层次分明，易于为人们所接受。

其次，旧式音韵学书讲述语音，专门名词术语多聱牙佶屈，用语生僻，令人感到玄虚怪异，从而望而却步；或糊涂不清，甚至误入歧途。本书在这方面能切实注意，尽量作通俗化的解释，让人易于理解。例如本书的第二讲『声韵和反切』，在解释声母发音状态中『阻』的概念（即成阻与除阻）时，指出旧时音韵学著作如方以智《通雅》、江永《音学辨微》、钱大昕《十驾斋养新录》、陈澧《切韵考·外篇》，『均定为「发声」「送气」「收声」三类，分得太粗略。近人劳乃宣《等韵一得》定「戛」「透」「轹」「捺」四类，较方氏等所分稍加精密』。在作者看来，『将劳氏的四类，和今定之名称相较，则「戛」为破裂音的出声，「透」为破裂音的送气，「轹」为单纯摩擦音、齿缝摩擦音和边音，「捺」为带鼻音。至于卷舌音之儿，因旧音并于日母，所以劳氏没有另立一类』。[22]将上述诸家不同说法列表比较，它们大多属于异名同类而已（见下表）。因而，对这类概念的通俗解释，可为初学者揭示入学门径，从而收事半功倍之效。其处理方法便较合理。

语音学名词	劳乃宣说	陈澧说	钱大昕说	江永说	方以智说
不送气的塞音和塞擦音	戛类	发声	出声	发声	发声
送气的塞音和塞擦音	透类	送气	送气	送气	送气
摩擦音	轹类				
边音		收声	收声	收声	收声
鼻音	捺类				

再者，本书虽作为教科书编写，但在论述汉语语音发展史过程中常有所发现，时有创见，发前人所未发。例如四声之说始于何时？一般认为始于南北朝沈约。本书以为：『在周秦古音之中，只有平入二声的分别。他的入声，和《广韵》一样，是附有［p，t，k］（尾音）的。后来渐渐区分成为四声。一般人都说四声始于沈约，其实魏李登的《声类》已经分为宫商角徵羽五卷。这宫商角徵羽五个字，就是借来作平平入上去（五音中的「羽」字，《广韵》音王遇切，当读去声）的符号，与音乐上的五音全不相干。（笔者按：平声因为字多，所以分为两卷。后来的《切韵》《广韵》还是如此。）照此看来，汉魏之际已经有了四声的区别了。』[23]本页开头，作者小注：「《玉海》引徐景安《乐书》云：凡宫为上平，商为下平，角为入，徵为上，羽为去。」可为旁证。

又如第四讲『元明清三代的标准音』一章，讨论《中原音韵》十九韵和国音韵部不同时，作者提出：国音韵母以《广韵》东冬锺韵作为庚耕清青及蒸登韵的合口呼，注音为［uəŋ］，周氏于此三类，分为庚青和东锺两韵，大概读东冬锺的元音还和庚耕诸韵的合口呼不同。但周氏于庚韵合口呼的字如『觥』『横』，登韵合口呼的字如『肱』『弘』，也兼收在东冬两韵中，故作者怀疑当时此三类韵或已通用，只是尚未完全混合，『所以韵分为二而字则两部兼收』。其考察则颇细致。

再如第五讲『隋唐宋之标准音』一章，韵图中江摄与宕摄分列两摄，作者以为，上古江韵乃属东韵一部分，晚周时已与唐韵字通押，二摄合并，理所当然，将其分为两摄，属于『考古之疏』。而另有一些韵摄，如含『佳皆咍』与『灰』韵的蟹摄，含『元先仙』与『寒桓删山』的山摄，含『盐添严凡』与『覃谈咸衔』的咸摄，含『鱼虞』与『模』的遇摄，均属于主元音不同之韵，不宜苟合。因而，作者主张中古十六摄中部分韵摄宜予细分，不宜强合一摄。此则要求更加严格，也更合乎审音标准（等韵学家设计韵图，只要求韵腹和韵尾相同或相近的归为一图，而不必要求全同）。上述意见，有一定参考价值。

此外，第六讲『周朝的标准音』一章，在讨论上古音韵『阴阳对转』如何『密合』问题时，作者提出两个标准：要看彼此两韵的元音是否相同；同时，两韵在古书上是否有许多通转的证据。只有这样，才能确定相关例子是否对转。这些说法，都是发前人所未发，值得重视。

然智者千虑，难免一失。本书中由于时代局限或某种因素，个别观点也有可商之处。例如作者赞同劳乃宣氏有关制定注音字母应『取全国中最多数和声韵最简少之音』的正确主张，值得肯定；而赞同劳氏『拟定二十一母、十六韵，阴平、阳平、上去入五声』为国音之标准音，便不见得妥帖。因为这样的国音只是一个南腔北调的官话，其中某些所注之音，便包含有北京音系没有的音节，以及北京音系中所没有的入声调类。这与后来形成并通行已久的《汉语拼音方案》相比，显然不如后者完善。

又者，《广韵》（以及其前身《切韵》）的性质，究竟是『一时一地之音』，还是包罗『古今方国』之音的大杂烩，或是别的性质，自来众说纷纭，难于统一。本书作者则服膺章太炎《音理论》的说法，即『《广韵》所包，兼有古今方国之音，非并时同地得有声势（即元音）二百六种也』。这个问题，似乎黄典诚教授的意见较令人信服。

他认为陆法言等人编写《切韵》以『赏知音』为目的，因此认为『欲广文路，自可清浊皆通；若赏知音，即须轻重有异』。[24]而当时参与其事的另八位语言学专家中，颜外史之推、萧国子该则『多所决定』，而颜之推其人十分重视审音。他在《音辞篇》中曾说自己『见王侯外戚语多不正』，便深以为耻，即使『吾家儿女，虽在孩稚，便渐督正之。一语讹替，以为己罪矣』。[25]因此其论音读是非，必然要求能宣诸唇吻。由于魏晋以降，五胡乱华，中原战乱频仍，北方衣冠人士、簪缨之族纷然南下，国家南北分裂长达二百六十年之久，此间河洛故国之音便随之播迁江南。只是由于『南染吴越，北杂夷虏』，原来南北同源的东都洛阳音也随之带上各地自身的地域色彩。这使审音人士只能『共以帝王都邑，参校方俗，考核古今，为之折衷』。这折中的依据，『摧而量之，唯金陵与洛下耳』。[26]陆法言与他的学术界同仁正是针对上述语言现象『剖析毫厘，分别黍累』[27]，对金陵与洛阳两地语音作对比研究，分声辨韵，然后酌古沿今，验诸唇吻，并加综合。从而发现，上古韵部至隋初《切韵》，一音已有洪细之分，且又各分化为轻清重浊两类，并产生一二三四等的分化。而这正如闽南方言，原为两晋末年河洛官音的移植，但随着时代的演变，其音韵系统中，有文白对应系统存在，其白读保存了上古语音读法，而文读则属于中古《切韵》时期的新读。综而言之，其韵母也有八十多个。而《切韵》分韵部一百九十三韵，《广韵》二百零六韵，扣除四声，韵部也仅五六十个而已。两者情况十分相似，不能笼统地说其所包乃『兼有古今方国之音』。

又国音中的［tɕ，tɕʻ，ɕ］声母，有两个来源，一来自中古见系之『见溪群晓匣』细音（即齐齿呼、撮口呼），一来自中古精组『精清从心邪』细音。但在《韵略易通》和《五方元音》中尚未分化，其演变时代则是晚近的事情。本书仅提及见组细音，则欠全面。

另者，《切韵》经许敬宗、贾昌朝奏定某韵与某韵通用，宋刘渊和阴时夫并合韵部，遂把二百零六韵并成一百零七韵，金王文郁则并为一百零六韵。明清两代所通行的《诗韵》（通常称《平水韵》）就是这么来的。余謇认为这种并合法，『全是卤莽灭裂，不合音理的……这都是他们无知妄作的证据』。事实上，《切韵》系统韵书旨在『赏知音』，即为审视音理而编撰，与《诗韵》一类韵书旨在为科场考试（即『广文路』）服务之性质不同。戴震《声韵考》卷一引用封演《闻见录》说：『隋陆法言与颜魏诸公定南北音撰为《切韵》，凡一万二千一百五十八字，以为文格式。而先仙、删山之类，分为别韵，属文之士，共苦其苛细。国初（指唐代初年）许敬宗等详议，以其韵窄，奏合而用之。』[28]两类韵书，各自独立，互不矛盾；何况《诗韵》并韵是依《广韵》中注有『同用』的韵类合并而来，合并以后与《诗韵》大致相符，可知其并韵并非『无知妄作』，而是有所依据。

注释：

①关于余謇教授的生平事迹，主要参考洪峻峰先生提供的其所著《经国文章未许藏——余謇遗稿〈宝瓠斋杂稿〉叙论》（《福建诗词》二〇一六年第二集）一文之作者生平部分和江西文史馆提供的余永祚先生著《余謇先生传略》（内部交流资料）两份书面资料等写成，特此致谢。

②郑朝宗：《是智者，也是仁人志士——忆余老》，《海滨感旧集》，厦门：厦门大学出版社，一九八八年，第三～四页。

③郑朝宗：《是智者，也是仁人志士——忆余老》，《海滨感旧集》，厦门：厦门大学出版社，一九八八年，第三～四页。

④余謇：《古音学说述略》，厦门大学图书馆藏油印本，第一页。

⑤王力：《汉语音韵学》，北京：中华书局，一九八一年，第二六九～二七〇页。

⑥余謇：《古音学说述略》，厦门大学图书馆藏油印本，第一页。

⑦余謇：《古音学说述略》，厦门大学图书馆藏油印本，第七～八页。

⑧王力：《汉语音韵学》，北京：中华书局，一九八一年，第二七八页。

⑨罗常培：《周秦古音研究述略》，傅懋勣等主编：《罗常培纪念论文集》，北京：商务印书馆，一九八四年，第七页。

⑩罗常培：《周秦古音研究述略》，傅懋勣等主编：《罗常培纪念论文集》，北京：商务印书馆，一九八四年，第七页。

⑪罗常培：《周秦古音研究述略》，傅懋勣等主编：《罗常培纪念论文集》，北京：商务印书馆，一九八四年，第七页。

⑫王国维：《周代金石文韵读序》，《观堂集林（第二册）》，北京：中华书局，一九五九年，第三九四页。

⑬王力：《汉语音韵学》，北京：中华书局，一九八一年，第四二八页。

⑭王力：《汉语音韵学》，北京：中华书局，一九八一年，第三七〇～三七五页。

⑮罗常培：《周秦古音研究述略》，傅懋勣等主编：《罗常培纪念论文集》，北京：商务印书馆，一九八四年，第一二页。

⑯（清）江永：《古韵标准·例言》，转引自濮之珍：《中国语言学史》，上海：上海古籍出版社，二〇〇二年，第三七〇页。

⑰余謇：《古音学说述略》，厦门大学图书馆藏油印本，第二一页。

⑱（北朝）颜之推：《颜氏家训·音辞篇》，转引自濮之珍：《中国语言学史》，上海：上海古籍出版社，二〇〇二年，第二三八页。

⑲（隋）陆法言：《切韵·序》，（宋）陈彭年撰：《钜宋广韵》，上海：上海古籍出版社，一九八三年，第二页。

⑳余謇：《国音沿革》，厦门大学图书馆藏油印本，第四七页。

㉑黄侃：《黄侃论学杂著》，上海：上海古籍出版社，一九八〇年，第六九～七七、八七～九〇页。

㉒王力：《汉语音韵学·罗序》，上海：中华书局，一九三一年，第三页。

㉓王力：《汉语音韵学·罗序》，上海：中华书局，一九三一年，第九七页。

㉔（隋）陆法言：《切韵·序》，（宋）陈彭年撰：《钜宋广韵》，上海：上海古籍出版社，一九八三年，第二页。

㉕（北朝）颜之推：《颜氏家训·音辞篇》，转引自濮之珍：《中国语言学史》，上海：上海古籍出版社，二〇〇二年，第二三八页。

㉖（北朝）颜之推：《颜氏家训·音辞篇》，转引自濮之珍：《中国语言学史》，上海：上海古籍出版社，二〇〇二年，第二三八页。

㉗（隋）陆法言：《切韵·序》，（宋）陈彭年撰：《钜宋广韵》，上海：上海古籍出版社，一九八三年，第二页。

㉘（清）戴震：《声类考》卷一，转引自李新魁：《汉语音韵学》，北京：北京出版社，一九八六年，第三八页。

参考文献：

罗常培：《汉语音韵学导论》，北京：中华书局，一九五六年。

黄侃：《黄侃论学杂著》，上海：上海古籍出版社，一九八〇年。

周祖谟：《问学集》，北京：中华书局，一九六六年。

杨耐思：《中原音韵音系》，北京：中国社会科学出版社，一九八一年。

王力：《汉语音韵学》，北京：中华书局，一九八一年。

傅懋勣等主编：《罗常培纪念文集》，北京：商务印书馆，一九八四年。

王国维：《观堂集林》，北京：中华书局，一九五九年。

李新魁：《汉语音韵学》，北京：北京出版社，一九八六年。

陈复华、何九盈：《古韵通晓》，北京：中国社会科学出版社，一九八七年。
黄典诚：《〈切韵〉综合研究》，厦门：厦门大学出版社，一九九四年。
王力：《汉语史稿》，北京：中华书局，二〇〇四年。
濮之珍：《中国语言学史》，上海：上海古籍出版社，二〇〇二年。

作者林寒生，厦门大学人文学院中文系教授。

古音學說述略

余謇著《古音学说述略》（附《国音沿革》），影印底本：厦门大学图书馆藏油印本。

古音學說述略

宋以來研究古音諸家學説述略

聲音之道既出於天籟，則其流變轉換與時更易，亦莫之為而為，於是有古音今音之别。然古人往矣，其音亦隨之而邈。居今稽古而欲擧二千載以上之音審察而分析之，固非易易矣。六朝以前，去古差近，而此學未有專書，其散見於傳注者，如鄭康成常棣箋云「古聲填寘塵同」，劉熙釋名云「車古者曰車聲如居，今曰車，車舍也」，陸德明釋召南華字云「古讀華爲敷」之類，可考見者甚爲寥寥。梁時沈重爲詩音義始言「協句」，而未説明其故，其書又不傳。厥後顔師古注漢書，李善注文選，並襲用「協韻」之説，後儒不察，以爲古音之不可通於今者悉可以今音叶之，而古音益淆

矣至宋吳棫知古音之非可任意叶也乃作毛詩補音楚辭釋音韻補等書就廣韻之二百六部注「古通某」「古轉聲通某」「古通某或轉入某」以發明古今韻之同異雖其分合之處疏舛甚多然專著一書以明古音者實權輿於此朱子注詩多採其說然仍名之曰「叶」則以舊說先入為主也其後有鄭庠者作古音辨分古韻為六部雖所考未精而篳路藍縷之功亦未可沒明楊慎著古音叢目古音畧例轉注古音畧諸書博徵古籍以駁正吳氏之誤然於古音之根柢未能洞曉故牴牾尤多及陳第與焦竑出乃倡古無叶音詩之韻即是當世本音之說第著毛詩古音考屈

宋古音義諸書排比經文參以羣籍定為「本證」「旁證」諸例探原竟委大暢「古今音變之旨」一掃唐宋以來支離之謬說而開清代音學諸家之學派陳氏之功亦偉矣清初顧炎武篤志古學病唐以來韻書部居疏舛乃精心求之詩易及周秦之文作音學五書據唐人以正宋人之失據古經以正唐人之失五書者音論三卷列古今音之變而究其所以不同詩本音十卷易音三卷考正三代以上之音唐韻正二十卷辨唐韻分部之誤而一一以古音定之古音表二卷綜古音為十部又以考古之功實始於吳棫惜其多學而未能一貫乃作韻補正以匡其失由是而古音之學乃爛然大明於世同時有柴紹炳毛奇齡亦為

古韻之學，柴氏撰古韻通，即今韻部分立「全通」「半通」「旁通」諸法以求古韻。毛氏更矜其博洽，欲與顧氏爭勝，撰古今通韻，創為「五部」「三聲」「兩界」「兩合」之說，條例彌多，矛盾彌甚，遠遜顧氏之精嚴也。乾隆中江永謂「顧氏攷古之功多，審音之功淺」，謂「毛氏之病即在通字，古韻自有疆域，當通其所可通，毋強通其所不可通」，乃作古韻標準以補正之，分平上去三聲各十三部，入聲八部，以詩三百篇為主，謂之「詩韻」，而以周秦以下音之近古者附之，謂之「補韻」，視諸家界限較明。其弟子戴震撰聲韻考、聲類表，分古韻為九類，發明異平同入互轉之理。震弟子段玉裁撰六書音均表

分古韻為十七部發明五支六脂七之不通之理是時經師輩出聲韻之學亦日有進步孔廣森撰詩聲類闡明陰陽對轉之理分古韻為十八類折衷諸家最為精密嚴可均撰說文聲類分十六類又即孔氏之法而彌縫匡正之王念孫分韻為二十一部於諸家為最多其所分「三聲無入」及「四聲全備」兩類與諸家無大出入其獨到之處則在特立「有去入無平上」及「有入無平上去」二類於是戴段諸家配合牽強之處乃悉秩然有序惟自宋以來言古音者皆僅注意於韻部之分合鮮有兼及音紐者獨錢大昕氏研之最精著古音類隔之說不可信及古無輕脣音二篇發明古無知徹澄及非敷奉微七紐今人章太炎先

生又證知娘日二紐古竝歸泥著成均圖文始諸書分古韻為二十三部古聲為二十一紐其弟子黃季剛繼之更定為二十八韻十九紐七百年來研究古音之成績至是可謂得一結束矣今取諸家學說擇要敘述以明此學演進之迹備諸生參考之資若其憑藉前修益求精詣是在有志者自勗焉。

(一)宋吳棫說：

閩書曰：「吳棫字才老建安人舉重和元年進士。」武夷徐蕆詩補音敘曰：「吳才老棫與蕆為同里有連其祖機家同安才老登宣和六年進士第嘗召試館職不就除太常丞忤時宰斥通判泉州……平生多著

書若《書稗傳》、《詩補音》、《論語指掌考異》、《續解楚辭釋音》、《韻補》，皆淵原精確。」謝啟昆《小學考》曰：「按棫本武夷人，後家同安，徐蕆敘可證。王明清《揮麈三錄》誤以為舒州。《直齋書錄解題》於《書稗傳》下題曰『太常丞建安吳棫撰』，《閩書》亦以棫為建安人，蓋著其本籍也。蕆敘稱『才老登宣和六年進士第』，而《閩書》云『舉重和元年進士』，相距五年，要當從敘。才老撰《毛詩補音》十卷、《韻補》五卷，據敘判然二書，《書錄解題》分列於詩類、小學類。今《補音》已亡，僅存《韻補》。秀水朱氏《經義考》誤合為一，於『補音十卷』條下竟書『存』字，又以明人所作《韻補》之敘一概編入，世遂以朱子《詩集傳》本於《韻補》，不知朱子所用乃《詩補音》，非《韻補》也。《書疑》古文自才老始，詩

[illegible]

考古音亦自才老始惜乎書祥傳及詩補音俱不得見矣。」

韻補

此書就廣韻二百六部注「古通某」「古轉聲通某」「古通某或轉入某」以明古今韻之同異今列之如左（據顧炎武韻補正）

平聲	上聲	去聲	入聲
東	董	送	屋
冬古通東		宋古通送	沃古通屋
鍾古通東	腫古通董	用古通宋	燭古通屋
江古通陽或轉入東	講古通養或轉入董	絳古通漾或轉聲通送	覺古通藥或轉聲通屋

支
脂 古通支
之 古通支
微 古通支
魚
虞 古通魚
模 古通魚
齊 古通支
佳 古轉声通支
皆 古轉聲通支

旨 古通紙
止 古通紙
尾 古通紙
語
麌 古通語
姥 古通語
薺 古通紙
蟹 古轉声通紙
駭 古轉声通紙

至 古通寘
志 古通寘
未 古通寘
御
遇 古通御
暮 古通御
霽 古通寘
祭 古轉声通寘
泰 古轉声通寘
卦 古轉声通寘
怪 古轉声通寘

[illegible]

灰 古通支
咍 古轉声通支

真
諄 古通真
臻 古通真
文 古轉声通真
殷 古通真
元 古轉声通真
魂 古轉声通真
痕 古通真

賄 古通紙
海 古通賄

軫
準 古通軫
吻 古轉声通軫
隱 古通吻
阮 古通銑
混 古轉声通阮
很 古轉声通阮

泰 古轉声通寘
隊 古通寘
代 古轉声通寘
廢 古通寘

五

震
稕 古通震
問 古轉声通震
焮 古通震
願 古通霰
慁 古通願
恨 古通願

質
術 古通質
櫛 古通質
勿 古轉声通質
迄 古通勿
月
沒 古轉声通月

寒 古轉声通先
桓 古轉声通先
删 古轉声通先
山 古轉声通先
先
僊 古通先
蕭
宵 古通蕭
肴 古通蕭
豪 古通蕭
歌
戈 古通歌

旱 古轉声通銑
緩 古通旱
潸 古轉声通銑
産 古通潸
銑
獮 古通通
篠
小 古通篠
巧 古通篠
晧 古通篠
哿
果 古通哿

翰
換 古通翰
諫 古轉声通霰
襇 古通諫
霰
線 古通霰
嘯
笑 古通嘯
效 古通嘯
號 古通嘯
箇
過 古通箇

曷 古轉声通月
末 古通曷
黠 古轉声通月
舝 古通黠
屑 古通月
薛 古通屑

六

麻 古轉声通歌　馬 古轉声入哥　禡
陽　養　漾　藥
唐 古通陽　蕩 古通養　宕 古通漾　鐸 古通藥
庚 古通真或轉入陽　梗 古通軫　映 古通震　陌 古通月
耕 古通真或轉入陽　耿 古通梗　諍 古通震、　麥 古通陌
清 古通真或轉入陽　靜 古通梗　勁 古通震　昔 古通陌
青 古通真　迥 古通軫　徑 古通震　錫 古通昔
蒸 古通真　拯 古通軫　證 古通震　職 古通質
登 古通真　等 古通拯　嶝 古通震　德 古通職
尤　有　宥
侯 古通尤　厚 古通有　候 古通宥
幽 古通尤　黝 古通有　幼 古通宥

侵古通真　寑古通軫　沁古通震　緝古通質

覃古通刪　感古轉声通銑　勘古通翰　合

談古通覃　敢古通感　闞古通勘　盍古通合

鹽古通先　琰古通銑　豔古通霰　葉古通月

沾古通鹽　忝古通琰　㮇古通豔　怗古通葉

咸古通刪　豏古通琰　陷古通諫　洽

銜古通刪　檻古通豏　鑑古通陷　狎古通洽

嚴古通先　儼古通銑　歛古通豔　業古通月

凡古通嚴　范古通儼　梵古通陷　乏古通洽

四庫全書提要曰此書泛取旁搜無所持擇所引書五十種中下逮歐陽修蘇軾蘇轍諸作與張商英之僞三墳旁及黃庭經道藏諸歌故參錯尤襍漫無體

例至於韻部之上平注文殷元魂痕通真寒桓刪山通先下平忽注侵通真覃談咸銜通刪鹽沾嚴凡通先上聲又注梗耿靜迥拯等六韻通軫寢亦通軫感敢琰忝豏檻儼范通銑去聲又注問焮通震而願慁恨自為一部諫襉通霰而翰換自為一部勘闞通翰豔㮇釅通霰陷鑑梵通諫割為三部入聲又注勿迄職德緝通質為一部曷末黠鎋屑薛葉帖業乏通月為一部顛倒錯亂皆亘古所無之臆說世儒不察乃執此書以誣朱子其慎殊甚然自宋以來著一書以明古音者實自棫始

錢大昕跋曰世謂叶音出於吴才老非也才老博考古音以補今韻之闕雖未能盡得六書諧聲之原本

而後儒因是知援詩易楚辭以求古音之正其功已不細古人「依聲寓義」唐宋久失其傳而才老獨知之可謂好學深思者矣朱文公詩集傳閒取才老之補音而加以「叶」字才老書初不云「叶」也楊用脩譏才老叶音「母氏劬勞」「勞」叶音「僚」「四牡有驕」「驕」叶音「高」考才老書初無此文殆誤認朱子之「叶」音爲皆出於才老爾詩「外禦其務」吳讀「務」「謨逢切」朱不從吳氏而讀「戎」爲「汝」以叶「務」音騖虞之「虞」朱於第一章叶音「牙」第二章叶「五紅反」誰謂女無家「家」朱於前章叶音「谷」後章叶「谷空反」皆吳氏所無未可歸咎於吳也

錢君玄同曰吳氏未定古韻部居今就其所言「通」「轉」以考之計可分爲九類如左

聲音系古研究

八

一、東冬鍾江
二、支脂之微齊佳皆灰咍
三、魚虞模
四、真諄臻文殷元魂痕庚耕清青蒸登侵
五、寒桓刪山先僊覃談鹽沾咸銜嚴凡
六、蕭宵肴豪
七、歌戈麻
八、陽唐
九、尤侯幽

觀此所分一二三六七八九共七類初無大誤後來顧炎武江永二氏所論亦不過如此（至段玉裁始知支脂之當分為三至孔廣森始知東冬當分為二）

惟四五兩類以三種附聲之韻併合為一實為巨謬耳此外可議之處皆為誤以甲類字入乙類闕於此點顧氏已正之矣

（二）宋鄭庠說

戴震聲韻考曰鄭庠作古音辨分陽支先虞尤覃六部

東冬鍾江唐庚耕清青蒸登並從陽韻。

脂之微齊佳皆灰咍並從支韻

真諄臻文殷元魂痕寒桓刪山仙並從先韻

魚模歌戈麻並從虞韻

蕭宵肴豪侯幽並從尤韻

侵談鹽添咸銜嚴凡並從覃韻

段玉裁六書音均表曰：宋鄭庠分古韻為六部……東冬江陽庚青蒸入聲屋沃覺藥陌錫職為一部，支微齊佳灰為一部，魚虞歌麻為一部，真文元寒刪先入聲質物月曷黠屑為一部，蕭肴豪尤為一部，侵覃鹽咸入聲緝合葉洽為一部。其說合於漢魏及唐之杜甫韓愈所用，而於周秦未能合也。

陳澧東塾讀書記曰：鄭庠分古韻為六部，東冬江陽庚青蒸為一部，皆收鼻音也；真文元寒刪先為一部，皆收舌抵齶音也；侵覃鹽咸為一部，皆收閉脣音也；支微齊佳灰為一部，支韻之末直往不收，但清音如「伊」，濁音如「怡」，微齊佳灰之末亦如「伊」「怡」，故與支為一部也。魚虞韻之末亦直往不收，但清音如「於」「烏」，濁音

如「余」「胡」蕭肴豪尤之末亦如「烏」「胡」當與魚虞為一部鄭庠分為二部未當也歌麻二韻亦直往不收歌之末如「阿」「何」麻之末如「譁」「華」當合為一部鄭庠以此合於魚虞非也段懋堂云「鄭氏說合於漢魏及唐杜甫韓愈所用而於周秦未能合」澧謂雖於古韻未能合然若移蕭肴豪尤與魚虞同一部歌麻自為一部則於今韻之大界限甚明也

按謝啟昆小學考聲韻類列鄭氏庠詩古音辯注云「庠或作庠宋志一卷佚」是此書為謝氏所未見而鄭氏名庠名庠亦疑莫能定戴氏所述六部僅以廣韻平聲韻目標識段氏乃兼標入聲而所用又為平水韻目夏炘詩古韻表二十二部集說亦然均未言所

據何書恐非鄭氏原書之舊或以宋鄭庠爲宋鄭公庠亦未知其何据也

（三）明陳第說

四庫全書經部小學類存目伏羲圖贊提要曰第字季立連江人以諸生從軍官至薊鎮遊擊所著伏羲圖贊二卷毛詩古音考四卷屈宋古音義三卷毛詩古音考末有讀詩拙言一篇伏羲圖贊內有襍卦傳古音考一篇

毛詩古音考自序

夫詩以聲教也取其可歌可詠可長言嗟歎至手足舞蹈而不自知以感竦其興觀羣怨事父事君之心且將從容以紬繹夫鳥獸草木之名義斯其所以為詩也若其意深

長而於韻不諧則文而已矣、故士人篇章必有音節田野俚曲亦各諧聲邑以古人之詩而獨無韻乎蓋時有古今地有南北字有更革音有轉移亦勢所必至故以今之音讀古之作不免乘剌而不入於是悉委之「叶」夫其果出於「叶」也作之非一人采之非一國何「毋」必讀「米」非韻「杞」韻「止」則韻「祉」韻「喜」矣「馬」必讀「姥」非韻「組」韻「黼」則韻「旅」韻「土」矣「京」必讀「疆」非韻「堂」韻「將」則韻「常」韻「王」矣「福」必讀「偪」非韻「食」韻「翼」則韻「德」韻「億」矣厥類實繁難以殫舉其矩律之嚴即唐韻不啻此其故何邪又左國易象離騷楚辭秦碑漢賦以至上古歌謠箴銘頌贊往往韻與詩合實古音之證也或謂「三百篇詩辭之祖後有作者規而韻之耳」不知魏晋之世古音頗存至隋唐澌盡矣唐宋名儒博學好古間用古

音以炫異耀奇則誠有之若讀「垤」爲「姪」以與「日」韻（堯戒也）讀「明」爲「芒」以與「良」韻（皋陶歌也）是皆前於詩者夫又何放且讀「皮」爲「婆」（宋役人謳也）讀「丘」爲「欺」（齊嬰兒語也）讀「戶」爲「甫」（楚民間謠也）讀「裘」爲「基」（魯朱儒謳也）讀「作」爲「詛」（蜀百姓辭也）讀「口」爲「苦」（漢白渠誦也）又「家」「姑」讀也（秦夫人之占）「懷」「回」讀也（魯聲伯之夢）「旂」「芹」讀也（晉滅虢之徵）「瓜」「孤」讀也（衛良夫之譟）彼其閭巷贊毀之間夢寐卜筮之頃何暇屑屑模擬若後世吟詩者之限韻邪愚少受詩家庭竊嘗留心於此晚季獨居海上……取三百篇日夕讀之……又懼子姪之學詩不知古音也於是稍爲考據列本證旁證二條本證者詩自相證也旁證者采之他書也二者俱無則宛轉以審其音參錯以諧其韻無非欲便於歌詠可長

言嗟歎而已矣

焦竑序曰詩必有韻夫人而知之乃以今韻讀古詩有不合輒歸之於「叶」習而不察所從來久矣吳才老楊用修著書始一及之猶未斷然盡以為古韻也……寥寥千古至季立始有一歸之論其為功可勝道哉

何琇樵香小說曰陳季立稱古無「叶音」凡今所謂「叶」者皆其本音其說最確他姑無論如龜茲讀「邱慈」此直譯以兩音並無意義是漢時讀「龜」為「邱」讀「茲」為「慈」之明證否則何不直譯為「邱慈」字與

四庫全書提要曰所列四百四十四字言必有徵典必探本視他家執今韻部分妄以通轉古音者相去

蓋萬萬矣……雖卷帙無多然欲求古韻之津梁舍是無由也

又簡明目錄曰古韻之復明實自第始顧炎武等雖遞有推闡終以此書為祖本

讀詩拙言

說者謂自五胡亂華驅中原之人入於江左而河淮南北間雜夷言聲音之變或自此始然一郡之內聲有不同繫乎地者也百年之中語有遞轉繫乎時者也況有文字而後有音讀由大小篆而八分由八分而隸凡幾變矣音能不變乎……三百篇詩之祖亦韻之祖也作韻書者宜權輿於此遡源沿流部提其字曰「古音某今音某」則今音行而古音庶幾不泯矣

四聲之辨　古人未有中原音韻此類實多舊音必以平叶
平仄叶仄也無亦以今而泥古乎
愚徧旁証采易獨詳以時世近而聲音同也如「天」如「行」如
「慶」如「明」凡五十餘字悉載之前矣此定周代之音非「叶」也
歷數彖象「行」凡三十有二「明」凡一十有四「慶」凡一十有二
無不同音者又如「當」字詩無所附六十四卦位當不當凡
二十有六皆讀平聲決其為古音無疑也已沈括云『慶古
人協韻也宜音羌』諸儒遂以為然故注詩者一則曰「叶」再
則曰「叶」近有易書於「當」字注云『本去叶平』亦襲沈括之說
也夫後世如淮西之碑聖德之頌說者謂『闇用叶音以慕
古耳』孔子何慕乎乃其贊易字無正音而必取諸「叶」胡為
者也且「叶」或一二用三四用多矣五六用至多矣蔓衍數

聲韻學論所記

十更無一「不叶」又胡爲者也故注者宜云「慶古本讀羌而

今讀磬當古本讀璫而今讀蕩」庶得之矣胡爲以今之讀

爲正而以古之正爲「叶」也

屈宋古音義自序

今考之屈宋其音往往與詩易合其詩易所無者又往往

與周秦漢魏之歌謠詩賦合其爲上世之音何疑自唐顔

師古太子賢注兩漢書於長卿子雲孟堅平子諸賦音有

與時乖者直以「合韻」「協音」當之後儒相緣不復致思故自

毛詩易象楚辭漢賦與凡古昔有韻之篇悉委於「叶」之一

字矣夫顔師古太子賢豈不稱博雅之士但未嘗力稽於

往古合併乎群書是以一時之誤而陷千載之憒憒耳

又跋

夫古今聲音必有異也，故以今音讀今，以古音讀古，句讀不齟於脣吻，精義自釋於天衷，確乎不可易之道也。自唐以來，皆以今音讀古之辭賦，一有不諧，則一曰「叶」；百有不諧，則百曰「叶」。借「叶」之一字，而盡該千百字之变，岂不至易而至簡，然而古音亡矣。古音既亡，則昔人「依永諧聲」之義泯泯於後世，不可謂非關事也。吳才老、楊用修有志復古，著《韻補》《古音叢目》諸書，庶幾卓然其不惑。然察其意，尚依違於「叶音」可否之間，又未嘗會粹秦漢之先，究極上古必然之韻，故其稽援雖博，終未能頓革舊習，而《詩》《易》辭賦卒不可讀如故也。……近有播紳不知古音者，或告之曰：「馬，古音姥。」渠乃呼其從者曰：「牽我姥來。」從者愕然，座客皆笑。夫用古於今，今人之笑也；則用今於古，古人之笑可知。故

詩韻舉例（手迹）

古音[illegible]

自「叶音」之說以來賢聖之唾然於地下也久矣余不得不力為之辯暢吳楊之旨洗今古之陋實余肝鬲所拳拳矣」

四庫全書提要曰第既撰毛詩古音考復以楚辭去風人未遠亦古音之遺乃取屈原所著離騷等二十五篇除其天問一篇得二十四篇又取宋玉九辯九篇招魂一篇並以文選所載高唐賦神女賦風賦登徒子好色賦四篇得十四篇共三十八篇其中韻與今殊者二百三十四字各推其本音與毛詩古音考互相發明

(四)顧炎武說

炎武初名絳字寧人崑山人學者稱亭林先生所著著有音論三卷詩本音十卷易音三卷唐韻正二十

卷古音表二卷韻補正一卷

音論

季立之論辨古音非「叶」極爲精當然愚以古詩中間有一二與正音不合者如「興」蒸之屬也而小戎末章與「音」爲韻大明七章與「林」「心」爲韻「戎」東之屬也而常棣四章與「務」爲韻常武首章與「祖」「父」爲韻又如箕子洪範則以「平」與「偏」爲韻孔子繫易于屯于比于恒則以「禽」與「窮」「中」「終」「容」「凶」「功」爲韻于蒙于泰則以「寘」與「順」「巽」「願」「亂」爲韻此或出於方音之不同今之讀者不得不改其本音而合之雖謂之「叶」亦可然特百中之一二耳

四聲之論雖起於江左然古人之詩已自有遲疾輕重之分故平多韻平仄多韻仄亦有不盡然者而上或轉爲平

者韻亭下而已

去或轉為平上入或轉為平上去則在歌者之抑揚高下而已故四聲可以並用「騏」「駵」是中「騧」「驪」是驂「龍」「盾」之合「鋈」以「觼」「軜」言念君子温其在邑方何為期胡然我念之「合」「軜」「邑」「念」四字皆平而韻「驂」一之日「觱發」二之日「栗烈」無衣無褐何以卒歲「發」「烈」「褐」三字皆去而韻「歲」今之學者必曰此字元有三音有兩音故可通用（原注吳才老韻補實始此說）不知古人何嘗屑屑於此哉一字之中自有平上去入今一一取而注之字愈多音愈襍而學者愈迷不識其本此所謂大道以多歧亡羊者也陳氏之書蓋多此病至其末卷乃曰四聲之辨古人未有中原音韻此類實多舊說必平叶平仄叶仄也無亦以今而泥古乎斯言切中肯綮（原注李立毛詩古音考邶谷風怒字下注曰四聲之說起

於後世古人之詩取其可歌可詠豈屑屑豪釐若經生為
邪且上去二音亦輕重之間耳綢繆陽字下註云「或問二
平而接以去聲可乎中原音韻聲多此類其音節未嘗不
和暢也」二條所論至當但全書之中陽關四聲多為註釋
瑣碎殊甚不知季立既發此論而何以猶扞格於四聲一
一為之引證亦所謂「勞脣吻而費簡冊」者也方子謙之小
補抑又甚焉今之為書取前人一字而叶兩三聲者盡併
之使學者之視听一而不亂其庶乎守約之旨也夫
平上去入之名漢時未有然公羊莊二十八年傳曰「春秋
伐者為客伐者為主」何休註於「伐者為客」下曰「伐人者為
客讀伐長言之齊人語也」於「伐者為主」下曰「見伐者為主
讀伐短言之齊人語也」長言則今之平上去聲也短言則

今之入聲也。

平上去三聲固多通貫，惟入聲似覺差殊，然而「祝」之為「州」，見於《穀梁》；「蒲」之為「亳」，見於《公羊》；「趨」之為「促」，見於《周禮》；「拔」之為「旆」，見於《檀弓》，若此之類，不悉數……且夫古之為詩，主乎音者也……音者無方而易轉，夫不過喉舌之間疾徐之頃而已，諧于音，順于耳矣，故或平或仄，時措之宜而無所窒礙。《角弓》之「反」上，《賓筵》之「反」平，《桃夭》之「室」入，《東山》之「室」去，惟其時也。《大東》一篇兩言「來」，而前韻「疚」，後韻「服」；《離騷》一篇兩言「索」，而前韻「妬」，後韻「迫」，惟其當也，有定之四聲以同天下之文，無定之四聲以協天下之律……

或曰：『一字而可以三聲，則「天」可讀為上去乎？』曰：「天」不可去而「地」可平。《楚辭·天問》：『啟棘賓商，九辯九歌，何勤子屠母而

死分竟地」是也「東」不可去而「北」可平漢司馬相如上林賦「東西南北馳騖往來」是也是以四聲同用則歌者以上為平而不以平為上以入為去而不以去為入何則歌之為言也長言之也平音最長上去次之入則詘然而止無餘音矣凡歌者貴其有餘音也以無餘從有餘樂之倫也平聲音長入聲音短平聲字多入聲字少……故入聲之部合之三聲但有其四（原注見古音表）而五方之音或有或無尚不能齊必欲以配三聲或以其無是聲也而削之則均之不達矣

詩三百篇中亦往往用入聲之字其入與入為韻者什之七入與平上去為韻者什之三以其什之七而知古人未嘗無入聲也以其什之三而知入聲可轉為三聲也故入

聲聲之閏也猶五音之有変宮変徵而為七也
韻書之序平聲一東二冬入聲一屋二沃若將以屋承東
以沃承冬者久仍其誤而莫察也屋之平聲為烏故小戎
以韻「驅」「馵」不協於東董送可知也沃之平聲為夭故揚之
水以韻「鑿」「襮」「樂」不協於冬腫朱可知也術轉去而音遂故
月令有「審端徑術」之文曷轉去而音害故孟子有「時日
害喪」之引質為「傳質為臣」之質覺為「尚寐無覺」之覺沒音
妹也見於子產之書燭音主也著於孝武之紀此皆載之
經傳章章著明者至其韻中之字隨部而誤者十之八以
古人兩部混併為一而誤者十之二是以審音之士談及
入聲便茫然不解而以意為之遂不勝其舛互矣茲本
之五經參之傳記而亦畧取說文形聲之指不盡遵其本

音而又可轉之於平上去三代之音久絶而復存其必自今日始乎

夫平之讀去「中中」「將將」「行行」「興興」上之讀去「語語」「弟弟」「好好」「有有」而人不疑之者一音之自為流轉也去之讀入「宿宿」「出出」「惡惡」「易易」而人疑之者「宿宿」而「宿屋」「出至」而「出術」「惡暮」而「惡鐸」「易寘」而「易昔」後之為韻者以屋承東以術承諄以鐸承唐以昔承清若呂之代嬴黃之易芈而其統系遂不可尋矣或曰「平嬴而入誣固有三平而共一入者」是殆不然夫古人之制字必有所從來以文相屬以聲相協在乎此者不得移乎彼所謂「天之生物也使之一本」夫文字則亦有然者也若曰「他部可承」三代經傳之文何無一出於彼者乎故歌戈麻三韻舊無入聲侵覃以下九韻舊

一八

有入聲今因之餘則反之

唐韻正麻部注

韻中之字與魚虞韻同者甚多蓋緣昔人作韻兼採方言而此韻有新舊二音故或從魚或從麻或兩收而並存之此正鶴山先生所謂魚歌二音併入於麻而魚麻二韻一字二音以至上去二聲亦莫不然者也今考以上諸字（蟆車奢賖畬邪琊斜遮諸租置華瓜等字）並當入魚虞模而麻嗟瘥嘉加珈鯊沙等字則自入歌戈見於三百篇者井然其列也　又考漢武帝時張騫入西域得摩訶兜勒二曲習而傳之李延年因胡曲更造新聲二十八解故魏應璩與滿公琰書即有「牙曠高徽義渠哀激」之語苻堅之末呂光平西域得胡戎之樂因又改變襍以秦聲號為秦漢

伎魏太武平河西得沮渠蒙遜之伎賓嘉大礼皆襍用焉

宣武以後尤愛胡聲後周太祖輔魏之時高昌内附及得

其伎教習以備饗宴之礼其後帝聘皇后于突厥得其所

獲康國龜茲等樂更襍以高昌之舊並于大司樂習焉傳

至隋唐設九部十部樂有西涼天竺龜茲安國疏勒高昌

康國之伎隋書音樂志云今曲項琵琶竪頭箜篌之徒竝

出自西域非華夏舊器楊澤新聲神白馬之類生於胡戎

非漢魏遺曲故其樂器聲調悉與書史不同而杜佑通典

以爲此音所由源出西域諸天諸佛韻調婁羅胡語感其

聲者莫不奢淫躁競踏腳彈指撼頭弄目形貌如此心亦

隨之者也以今論之九麻一韻亦大抵本西音故漢時有

聖人制禮樂篇全以邪字爲韻正如梵書所謂真言而焉

孫公主嫁昆彌始有琵琶之制世説王丞相之語胡人曰「蘭闍蘭闍」鄭譯述龜茲人蘇祇婆所奏七聲曰「婆陁力」曰「沙識」曰「沙侯加濫」曰「沙臘」而天竺之書曰「南無」曰「囊謨」並讀如麻音其書中所用無非闍迦珈耶沙叉吒等字又唐書所載吐蕃突厥西域人名地名亦多此類豈非其出於西音耶至元時而麻部之中又分遮部遼史樂志謂雅樂之存於今者其器雅而音則西然則經文之存於今者其字經而音則西矣此世變升降之由不可以不論　又按模韻轉入歌戈始於漢人不獨「車」「華」等字班彪北征賦以「圖」韻「娑」「那」張衡西京賦以「齬」韻「莪」「羅」南都賦以「鸕」韻「鵞」「渡」王逸九思以「躇」「模」「圖」「塗」「愚」「虛」「蘇」「偶」韻「阿」「沱」司隸校尉魯峻碑文以「張」韻「何」「嘉」又吳才老韻補所引道藏歌以「都」「徒」「塗」

「圖」「徂」字並入歌戈韻又如周礼巾車「疏飾」故書「疏」作「揟」杜子春讀「揟」爲「沙」是知東京以後魚虞模歌戈麻六韻全無分別晉宋以下始稍正之而其雜入於麻者遂不可反矣

古音表				
第一部	東冬鍾江	董腫講	送宋用絳	
第二部	支半脂之微齊佳皆灰咍尤半	紙半旨止尾薺蟹駭賄海有半	寘半至志未霽祭泰卦怪夬隊代廢宥半	質術櫛昔半職物迄屑薛錫半月沒曷末黠鎋麥半德屋半
第三部	魚虞模麻半侯	語麌姥馬半厚	御遇暮禡半候	屋半沃半燭覺半藥半鐸陌麥半昔半

第四部	真諄臻文殷元魂痕寒桓刪山先仙	軫準吻隱阮混很旱緩潸產銑獮	震稕問焮願慁恨翰換諫襉霰線	
第五部	蕭宵肴豪尤半幽	篠小巧晧有半黝	嘯笑效号宥半幼	屋半沃半覺半藥半鐸半錫半
第六部	歌戈麻半支半	哿果馬半紙半	箇過禡半寘半	
第七部	陽唐庚半	養蕩梗半	漾宕映半	
第八部	庚半耕清青	梗半耿靜迥	映半諍勁徑	
第九部	蒸登	拯等	證嶝	
第十部	侵覃談鹽添咸銜嚴凡	寑感敢琰忝儼豏檻范	沁勘闞豔㮇釅陷鑑梵	緝合盍葉怗洽狎業乏

案音學五書首尾一貫音論其綱領也古音表其結論也茲之所錄大指略具計其創解約有數端

(一)麻韻本西音中国古時無之廣韻麻部中字於古半屬魚虞模半屬歌戈

(二)詩經用韻間襍方音易傳尤多

(三)平上去三聲即古所謂長言入聲即短言

(四)平上去三聲通貫而入聲亦可轉為三聲

(五)以入聲配單純元音各部其附聲元音各部惟閉口音尚有入聲

(六)破「數平共一入」之說

(七)以說文聲母證古音

右皆顧氏之創解其不合者江戴以下諸家遞有

更定詳見後文茲不贅述其古音分部較諸鄭庠有同有異異者除分配入聲外餘如：

鄭氏陽韻顧氏析為第一（東冬鍾江）第七（陽唐）第八（庚耕青）第九（蒸登）四部

鄭氏虞韻顧氏析為第三（魚虞模侯）第六（歌戈麻）二部

同者如：

第二部（支脂之微齊佳皆灰咍）即鄭氏支韻

第四部（真諄臻文殷元魂痕寒桓删山先仙）即鄭氏先韻

第五部（蕭宵肴豪尤幽）即鄭氏尤韻惟抽出侯部

第十部（侵覃談鹽添咸銜嚴凡）即鄭氏覃韻

又第一第二第三第五第六第七凡六部皆與吳棫通轉之說大略相同

（五）江永說

永字慎修婺源人所著有四聲切韻表四卷古韻標準六卷音學辨微一卷

四聲切韻表凡例

韻學談及入聲尤難而入聲之說最多歧未有能細辨等列細尋脈絡爲之折中歸于一說者也依韻書次第屋至覺四部配東冬鍾江質至薛十三部配真諄臻文殷元魂寒桓刪山先僊唯痕無入藥至德八部配陽唐庚耕清青蒸登緝至乏九部配侵覃談鹽添嚴咸銜凡調之聲音而諧按之等列而協當時編韻書者其意寔出于此以此定

入聲天下古今之通論不可易也然孰是說也則此三十
四韻之外皆無入矣胡為古人用入聲韻與三聲協者多
出于無入聲之韻而以一字轉兩三音如質質惡惡偏旁
諧聲字如至室意臆慕莫肖削之類亦多出無入聲之韻
也顧亭人於是反其說惟侵覃以下九韻之入及歌戈麻
三韻之無入與舊說同其餘悉反之舊無者有舊有者無
此又固滯之說也其說以為『屋承東術承諄鐸承唐昔承
清若呂之代贏黃之易畢』以其音之不類也不知入聲有
轉紐不必皆直轉也曷不即侵覃九韻思之乎侵寑沁緝
猶之真軫震質清靜勁昔青迥徑錫蒸拯證職也覃感勘
合談敢闞盍猶之寒旱翰曷桓緩換末也鹽琰豔葉添忝
㮇怗嚴儼釅業猶之先銑霰屑僊獮線薛也咸豏陷洽銜

檻鑑狎凡范梵乏猶之刪潸諫黠山產襉轄元阮願月也推之他韻東董送屋唐蕩宕鐸亦猶是也如必以類直轉乃為本韻之入則此九韻不能轉入矣緝承侵合承覃不亦猶呂嬴黃芈乎入聲可直轉者惟支脂之微數韻耳猥俗者謂「狐」古故「谷」為順轉不知「谷」乃「公」「銅」所共之入而「狐」之入為「各」猶之「暮」之為「莫」「惡」之為「惡」也余別為之說曰平上去入聲之轉也一轉為上再轉為去三轉為入幾於窮塵得三十四部當三聲之過半耳窮則变故入聲多不直轉变則通故入聲又可同用除緝合以下九部為侵覃九部所專不為他韻借他韻亦不能借其餘二十五部諸韻或合二三韻而共一入無入者間有之有入為多諸家各持一說此有彼無彼有此無者皆非也顧氏之言曰「天之

[illegible]

十三

生物使之一本文字亦然」不知「言各有當」數韻同一入猶
之江漢共一流也何嫌于二本乎
數韻同一入非強不類者而混合之也必審其音呼別其
等第察其字之音轉偏旁之聲古音之通而後定其為此
韻之入即同用一入而表中所列之字亦有不同蓋各有
脈絡不容紊殽猶之江漢合流而禹貢猶分為二水也

古韻標準例言

細考音學五書亦多滲漏蓋過信「古人韻緩不煩改字」之
說於「天」「田」等字皆無音古音表分十部離合處尚有未精
其分配入聲多未當此亦考古之功多審音之功淺與
東原嘆惜之今分平上去三聲皆十三部入聲八部是欲
彌縫顧氏之書顧氏言「五十年後當有知我者」（見李榕村
集）蓋同時若毛氏奇齡輩自負該博未肯許可余學謭陋
匪云能知顧氏然已傾倒其書而不肯茍同是乃所以為

知更俟後世子雲論定之

顧氏書悉用唐韻最為有見今本之每部首先列韻目一韻歧分兩部者曰「分某韻」韻本不通而有字當入此部者曰「別收某韻」四聲異者曰「別收某聲某韻」顧氏分十部今何以平上去皆十三部也第四部為真文魂一類第五部為元寒僊一類顧氏合為一也第六部為蕭宵豪分出一支不與尤侯通第十一部為尤侯一類當分蕭宵豪之一支不與第六部通而顧氏亦合為一也第十二十三自侵至凡九韻當分兩部顧氏又合為一也

古韻標準韻目

平聲第一部　東冬鍾江

第二部　脂之微齊佳皆灰咍　（分）支尤　（別收）魂

戈　去聲　泰怪

第三部　魚模　（分）虞麻

第四部　真諄臻文殷魂痕　（分）先　（別收）僊山微

齊青蒸　上聲　軫　去聲　霰

第五部　元寒桓刪山僊　（分）先　（別收）去聲　霽

第六部　宵　（分）蕭肴豪

第七部　歌戈　（分）麻支　（別收）上聲　紙　去聲　寘

第八部　陽唐　（分）庚　（別收）上聲　養　去聲　漾宕[illegible]

第九部　耕清青　（分）庚

第十部　蒸登　（別收）東

第十一部　侯幽　（分）尤虞蕭宵肴豪　（別收）上聲　[illegible]

第十二部　侵　（分）覃談鹽　（別收）東　去聲　[illegible]

第十三部　添儼感銜凡　（分）覃談鹽

上聲第一部　董腫講

第二部　旨止尾薺蟹駭賄海　（分）紙有厚　（别收）

軫準隱獮果　平聲　皆　去聲　志隊宥

第三部　語姥　（分）麌馬　（别收）厚　平聲　東

第四部　軫準吻隱混佷　（分）銑　（别收）阮

第五部　阮旱緩潸產獮　（分）銑　（别收）猜

第六部　篠小　（分）巧晧

第七部　哿果　（分）馬紙

第八部　養蕩　（分）梗

第九部　耿靜迥　（分）梗

第十部　拯等

第十一部　厚勳　（分）有㚌篠巧晧　（別收）旨去聲候

第十二部　寑　（分）感忝

第十三部　敢琰广豏檻范　（分）感忝

去聲第一部　送宋用絳

第二部　至志未霽祭泰卦怪夬隊代廢　（分）寘肙

第三部　御暮　（分）遇禡　（別收）候入聲鐸

第四部　震稕問焮恩恨　（分）霰線　（別收）襉諍勁

第五部　願翰換諫襉　（分）霰線

第六部　笑　（分）嘯效號

第七部　箇過　（分）禡

第八部　漾宕　（分）敬

第九部　諍勁徑　（分）敬

第十部　證嶝

第十一部　候幼　(分)宥遇嘯號　(別收)效　入聲沃

第十二部　沁　(分)㮇

第十三部　勘闞豔釅陷鑑梵　(分)㮇

入聲第一部　屋燭　(分)沃覺　(別收)錫　去聲候

第二部　質術櫛物迄沒　(分)屑薛　(別收)職

第三部　月曷末黠鎋薛　(分)屑

第四部　藥鐸　(分)沃覺陌麥昔錫　(別收)去聲御禡

第五部　(分)麥昔錫　(別收)燭

第六部　職德　(分)麥　(別收)屋沃　去聲志怪隊代

平聲咍

第七部　緝　(分)合葉洽

第八部　盍帖業狎乏　(分)合葉洽

案江氏見解與顧氏異者約有數端

(一)不從顧氏以入聲配單純元音各部之說

(二)主張「數韻共一入」之說

(三)顧氏第三第五兩部江氏析為第三(虞)第六(蕭)第十一(侯)三部(舉平以該上去下並同)

(四)顧氏第四部江氏析為第四(眞先)第五(寒)二部

(五)顧氏第十部江氏析為第十二(覃)第十三(添)二部

其第一(東冬)第二(齊灰)第七(歌)第八(唐)第九(青)

第十(蒸)大都與顧氏相同

(六)段玉裁說

玉裁字若膺一字懋堂金壇人所著有六書音均表

段書前已講述茲不複舉祇就其說列為韻表如左

第一類

第一部○平上入

廣韻之咍、止海、志代、職德、

第二類

第二部○平

廣韻蕭宵肴豪、篠小巧晧、嘯笑效号、

第三部○平上入

廣韻尤幽、有黝、宥幼、屋沃燭覺、

第四部○平上

廣韻侯、厚、候、

第五部○平上入

廣韻魚虞模、語麌姥、御遇暮、藥鐸、

第三類

第六部〇平

廣韻蒸登、拯等、證嶝、

第七部〇平入

廣韻侵鹽添、寑琰忝、沁豔㮇、緝葉怗、

第八部〇平入

廣韻覃談咸銜嚴凡、感敢豏檻儼范、勘闞陷鑑釅梵、

合盍洽狎業乏、

第四類

第九部〇平

廣韻東冬鍾江、董腫講、送宋用絳、

第十部○平

廣韻陽唐、養蕩漾宕、

第十一部○平

廣韻庚耕清青、梗耿静迥、映諍勁徑

第五類

第十二部○平入

廣韻真臻先、軫銑、震霰、質櫛屑、

第十三部○平

廣韻諄文欣魂痕、準吻隱混很、稕問焮慁恨、

第十四部○平

廣韻元寒桓删山仙、阮旱緩潸産獮、願翰換諫襉線、

第六類

[illegible]

第十五部○平上入

廣韻脂微齊皆灰、旨尾薺駭賄、至未霽祭泰怪夬隊廢、術物迄月沒曷末黠鎋薛、

第十六部○平入

廣韻支佳、紙蟹、寘卦、陌麥昔錫、

第十七部○平

廣韻歌戈麻、哿果馬、箇過禡、

案段氏之創解如左

(一)支脂之微齊佳皆灰咍九韻顧江二氏皆合為一部段氏析支佳為一部脂微齊皆灰為一部之咍為一部

(二)真諄臻文欣魂痕先八韻江氏合為一部段氏析真

臻先為一部諄文欣魂痕為一部

(三)顧氏以矦從魚虞模　江氏改矦從尤幽　段氏則以尤幽為一部矦與虞之半別為一部

(四)分八部為八部以三部配附聲无音五部配單純无音而仍主異平同入之說

(五)創為合韻之說

(六)創為古四聲有二無四之說

(七)創為字从某聲必與某聲同部之說

(八)創為古音多斂今音多侈之說

(七)戴震說

震字東原休寧人所著有聲韻考四卷聲類表九卷

聲韻考

音有流變一繫乎地一繫乎時繫乎地者在古人即非一讀如「隅」「愚」「齵」並從「禺」得聲廣韻入十虞古與侯幽通為一韻「顒」亦從「禺」得聲廣韻入三鍾古與東冬通為一韻「裘」「求」據說文本一字而「俅」及「逑」「銶」並從「求」得聲今音入十八尤古音「裘」「俅」與之哈通為一韻「求」「逑」「銶」與侯幽通為一韻詩中「好逑」「好仇」語同而一取韻侯幽一取韻之哈「仇」字在三百篇即兩取韻「軌」亦從「九」得聲匏有苦葉二章與「牡」為韻當屬四十五厚而班孟堅幽通賦與「趾」為韻則入六止如今音「母」字古多與之止志哈海代通為一韻廣韻入四十五厚蝃蝀二章與「雨」為韻則入十姥今吳音言「雨」又入六止「土」字屬十姥而「牡」從「土」得聲乃屬厚候幽黝幼通為一韻洪範「曰蒙」徐仙民音「亡鉤反」鄭杏王李並作「霿」漢書藝

文志逢門射法二篇，師古云「即逢蒙」。而文王之章「躬」與「天」
為韻，召旻六章「中」「躬」與「頻」為韻，「頻」在十七真，「門」在二十三
魂，「天」在一先，乃合東冬鍾及尤侯幽聲氣交通。小戎之「中」
「驂」，七月之「沖」「陰」，蕩之「諶」「終」，雲漢之「蟲」「宮」「宗」「臨」「躬」，則傍涉侵
覃矣。韓詩「便便左右」，史記引書「便章」「便秩」「辰王道便便」，今
詩書「便」皆作「平」，「便」在二仙，洪範「與「偏」為韻，「平」在十二庚，而
「零」「苓」「領」並從「令」得聲。盧令之「令」「仁」，東鄰之「鄰」「顛」「令」，十月之
交之「電」「令」，定之方中之「零」「人」「田」「淵」「千」，簡兮之「榛」「苓」「人」，采苓
之「苓」「顛」「信」，皆不出真先韻。說文引詩作「盧獜獜」，則「令」字本
音可定。然小宛「令」與「鳴」「征」「生」為韻，節南山「領」與「騁」為韻，左
氏春秋引逸詩「令」與「挺」「扃」「定」為韻，屈原賦遠遊「零」與「征」為
韻，實如廣韻「令」「零」入十五青，「領」入四十靜矣。「揮」「煇」「暉」「翬」從
軍員聲开兒

三〇

「軍」得聲，「祈」「頎」「旂」「圻」「沂」從「斤」得聲而入八微，「韙」從「韋」得聲而入十五灰。庭燎之「晨」「煇」「旂」，采菽、泮水之「芹」「旂」，左氏春秋童謠之「晨」「辰」「旂」「賁」「焞」「軍」「奔」，固不出真文韻。北門「敦」與「遺」「摧」為韻，碩人「頎」與「衣」「妻」「姨」「私」為韻，禮「翬衣」多作「禕衣」，「圻」「畿」古多相代，實如廣韻之音。中庸「壹戎衣」，鄭康成云：「衣」讀如「殷」，齊人言「殷」聲如「衣」。此可證真文魂先之字與脂微灰齊聲氣交通。「宛」與「怨」從「夗」得聲，「菀」從「宛」得聲，「惌」從「怨」得聲。內則「宛脾」，鄭康成云：「宛」或作「鬱」。考工記「欲其惌也」，鄭司農云：「惌」讀為「菀」。彼北林之「菀」，今詩作「鬱」彼北林。「鬱」「菀」「苑」「蔚」古多相代。小戎「苑」與「群」「錞」為韻，易象傳「蔚」與「君」為韻，衛風氓「怨」與「岸」「泮」「宴」「旦」「反」為韻，小雅谷風「怨」與「嵬」「萎」為韻。他如中谷有蓷「暵」與「乾」「歎」為韻，常棣「難」與「原」「歎」為韻，桑扈「翰」「憲」「難」與「那」為

韻隰桑「難」與「阿」「何」為韻「儺」從「難」得聲亦通用「難」為「儺」而東
門之枌則併「原」與「差」「麻」「娑」為韻五方殊語隨聲氣轉變見
于六經者遞變之不能終其物六書之諧聲假借詩之取
韻各因其聲類中一二字由他類流變而入者用之非與
此兩韻字盡通也其流變所入各如其方之音在古人不
嘗為非正音不疑其誤蓋列國之音即各為正音不可強
而齊之也顧氏音學五書輒云「後人誤入某韻」「當改入
某韻」「當削去併入某韻」其詩本音易音有非韻而注
為韻者有更韻而謂為一韻者有實韻而不注韻者未明
於音有定限又有流變是以滯於一偏
隋唐二百六韻據當時之音撰為定本雖未啟古音不無
合於今大戾於古然別立四江以次東冬鍾後殆有見於

古用韻之文江歸東冬鍾不入陽唐故特表一目不附東冬鍾韻內者今音顯然不同不可沒今音且不可使今音古音相襍成一韻也不次陽唐後者撰韻時以可通用字附近不可以今音之近似而淆紊古音也惜不能盡從斯例如五支有從歌戈流變者當別出立韻目表之次歌戈後（別立儀韻上去聲四紙別立祂韻五寘別立陂韻）十虞別出從矦幽流變者次矦幽後（別立禺韻上去聲九麌別立俯韻十遇仍舊目別出本類字改立芋韻）十二齊別出古通支佳者次支佳後（別立圭韻上去聲十一薺別立傒韻十二霽別立傺韻）十三佳如五支（別立騧韻上去聲十二蟹別立灑韻十五卦別立瘥韻）十四皆十五灰別出古通之咍者次之咍後（別立荄韻及杯韻上去聲十三駭

十四賄仍舊目其皆之上聲別立鍇韻灰之上聲別立匯韻十六怪別立戒韻十八隊別立誨韻）十六咍別出古通脂微者次脂微後（別立開韻上去聲十五海別立愷韻十九代別立溉韻）三蕭四宵五肴六豪別出從侯幽流變者歸於蕭次侯幽後（蕭之本類字併於宵上去之別出者歸二十九篠三十四嘯而二韻本類字併于三十小三十五笑）九麻別出從魚模流變者次魚模後（別立家韻上去聲三十五馬四十禡仍舊目其從歌戈流變者別立瓜韻及駕韻）十二庚十三耕別出從陽唐流變者歸於庚（庚之本類字併于耕上去之別出者歸三十八梗四十三映而二韻本類字併於三十九耿四十四諍）十八尤別出從之咍流變者歸于尤次之咍後（尤之本類字併於二十二幽上

去之別出者歸四十四有四十九宥其本類字併於四十六黝五十幼)八聲一屋別出從職德流變者次職德後(別立服韻)八屋二沃四覺別出從藥流變者次藥後(屋別立濼韻沃覺仍舊目其本類字別立篤韻及角韻)十八藥別出古與鐸通者次鐸後(別立若韻)十九鐸二十陌二十一麥二十三錫別出古與藥通者次藥後(鐸別立樂韻陌麥錫別立翟韻)別麥者錫之從鐸流變者歸于陌(陌之本類字併于麥麥字歸二十四職玫為檗韻昔字歸二十陌玫本類字為脊韻)別錫之從屋燭流變者次屋燭後(別立戚韻)

大致音之究限其類七故入聲止於七部真臻諄殷文痕魂先仙元删山寒桓與脂微灰齊祭廢皆夬泰入開分十

六咍來屬）其入聲質櫛術迄物沒屑薛月黠轄曷末是也蒸登與之咍尤（茭分十四皆杯分十五灰來屬）其入聲職德（服分一屋來屬）是也東冬鍾江與幽侯蕭（曷分十虞來屬）其入聲屋燭（薫分二沃角分四覺戚分二十三錫來屬）是也陽唐庚與宵肴豪其入聲藥覺沃（瀑分一屋褥分十九鐸翟分二十陌二十一麥二十三錫來屬）是也清青耕與支佳（圭分十二齊來屬）其入聲昔二（跂脊）錫麥（跂檗）是也歌戈麻（儀分五支騧分十三佳來屬）與魚虞模（家分九麻來屬）其入聲鐸陌（若分十八藥來屬）是也侵覃談鹽添咸銜嚴凡其入聲緝合盍葉帖洽狎業乏是也以七類為二十部有微轉而不出其類者如真諄於先仙、脂於皆、蒸

於登、之於咍、幽於侯、支於佳、魚虞於模、侵於覃、有轉而軼出其類遞相條貫者、如蒸登於東、之咍於尤、職德於屋、東冬於江、幽侯於蕭、屋燭於覺、陽於庚、藥覺於陌麥錫、歌於麻、魚虞模於麻、鐸於陌、及窮推交通、如真於蒸及青、寒桓於歌戈、之於真及支、幽侯於虞、屋燭於錫、宵於魂及之、支佳於麻、歌於支佳、模於支、侵凡於東、其共入聲互轉者、如真文魂先於脂微灰齊、換於泰、咍於登、侯於東、厚候於講絳、支於清、模於歌戈、此聲氣劇侈出入之自然、知此則無疑於古今異言五方殊語矣、昔人論古韻今韻、悉以是斷其疏密可也

按據右說戴氏分古音為七類二十部當如左表

(一)	真臻諄殷文痕魂先仙元删山寒桓	脂微灰齊祭廢皆夬泰(開)	質櫛術迄物沒屑薛月黠轄曷末
(二)	蒸登	之咍尤(灰)(杯)	職德(服)
(三)	東冬鍾江	幽侯蕭(思)	屋燭(篤)(角)(戚)
(四)	陽唐庚	宵肴豪	藥覺沃(瀑)(襮)(翟)
(五)	清青耕	支佳(圭)	昔錫麥 昔改(脊)麥改(檗)
(六)	歌戈麻(儀)(騧)	魚虞模(家)	鐸陌(若)
(七)	侵覃談鹽添咸銜嚴凡		緝合盍葉怗洽狎業乏

此戴氏初作也其後作聲類表又改為九類二十五部如左表

(一)歌魚鐸類	阿第一 歌戈麻	烏第二 魚虞模	垩第三 鐸
(二)蒸之職類	膺第四 蒸登	噫第五 之咍	億第六 職德

(三) 東尤屋類	翁第七 東冬鍾江	謳第八 尤侯幽	屋第九 屋沃燭覺
(四) 陽蕭藥類	央第十 陽唐	夭第十一 蕭宵肴豪	約第十二 藥
(五) 庚支陌類	嬰第十三 庚耕清青	娃第十四 支佳	戹第十五 錫 陌麥昔
(六) 真脂質類	殷第十六 真臻諄文 殷魂痕先	衣第十七 脂微齊皆 灰	乙第十八 質櫛物 迄沒屑
(七) 元月類	安第十九 元寒桓刪 山仙	靄第二十 祭泰夬廢	遏第二十一 月曷末黠 轄薛
(八) 侵緝類	音第二十二 侵鹽添		邑第二十三 緝
(九) 覃合類	醃第二十四 覃談咸銜 嚴凡		諜第二十五 合盍葉怗 業洽狎乏

戴氏答段若膺論韻書曰：陸德明於邶風「南」字云『古人韻緩不煩改字』。顧氏取其說，江慎修先生見於覃至凡八韻字實有古音改讀入侵者，元寒至仙七韻字實有古音改讀入真者，音韻即至諧，故真以下十四韻侵以下九韻各析而二，自言剖別入微，在

此大略更析真臻先與諄文殷魂痕為二尤幽與侯為二且悟古四聲不同今韻猶古本音不同今韻遂以此斷古無「平仄通押」「去入通押」書中自信部別入微亦在「古音韻至諧」之云然僕謂古人以音韻從其意言帝舜歌「喜」「起」「熙」二上一平音節自佳若並讀平聲「喜」「熙」轉嫌於積韻夫音韻之諧密近而成節奏為諧稍遠而成節奏亦諧遠而隔礙為不諧字異音同或積相似之音亦不諧癸巳春僕在浙東據廣韻分為七類……以七類之平上去分十三部及入聲七部得二十部陸德明所謂「古人韻緩」者仍有取焉

大略六蒸登七侵鹽添八覃談咸銜嚴凡九東冬鍾江十陽唐十一庚耕清青十二真臻先十三諄文欣魂痕十四元寒桓刪山仙凡九部舊皆

有入聲以金石音喻猶擊金聲也一之咍二蕭宵肴豪三尤幽四侯五魚虞模十五脂微齊皆灰十六支佳十七歌戈麻凡八部舊皆無入聲前七部以金石音喻之猶擊石成聲也……僕審其音有入者如氣之陽如物之雄如衣之表無入者如氣之陰如物之雌如衣之裏又平上去三聲近乎氣之陽物之雄衣之表入聲近乎氣之陰物之雌衣之裏故有入之入與無入之去近從此得其陰陽雌雄表裏之相配而侵以下九韻獨無配則以其為閉口音而配之者更微不成聲也

正轉之法有三一為轉而不出其類脂轉皆之轉咍支轉佳是也一為相配互轉真文魂先轉脂微灰齊換轉泰咍海轉登等侯轉東厚轉講模轉歌是也一

為聯貫遞轉蒸登轉東之咍轉尤職德轉屋東冬轉江尤幽轉蕭屋燭轉覺陽唐轉唐藥轉錫真轉先侵轉覃是也以正轉知其相配及次序而不以旁轉惑之以正轉之同入相配定其分合而不徒恃古人用韻為證僕之所見如此蓋援古以證其合易明也援古以證其分不易明也古人用韻之文傳者希矣或偶用此數字或偶用彼數字似彼此不相涉未足斷其截然為二為三也況據其不相涉者分之其又有相涉者則不得不歸之「合韻」是「合韻」適以適吾說之窮故曰援古以證其分不易明也……僕謂審音本一類而古人之文偶有相涉有不相涉不得舍其相涉者而以不相涉為斷審音非一類而古人之文偶有

三六

相涉始可以五方之音不同斷為「合韻」

僕初定七類者上年改為九類以九類分二十五部若入聲附而不列則十六部阿第一烏第二堊第三此三部皆「收喉音」膺第四噫第五億第六翁第七謳第八屋第九央第十夭第十一約第十二嬰第十三娃第十四戹第十五此十二部皆「收鼻音」殷第十六衣第十七乙第十八安第十九靄第二十遏第二十一此六部皆「收舌齒音」音第二十二邑第二十三醃第二十四諜第二十五此四部皆「收脣音」「收喉音」者其音引喉「收鼻音」者其音引喉穿鼻「收舌齒音」者其音舒舌而衝齒「收脣音」者其音斂脣以此為次似幾於自然

按戴氏說與段氏異者如左

(一)段氏之第三(尤幽)第四(侯)兩部仍從江氏合為謳部

(二)段氏之第十二(真臻先)第十三(諄文欣魂痕)兩部仍從江氏合為殷部

(三)分段氏之第十五部(脂微齊皆灰祭泰夬廢)為衣靄兩部

(四)分入聲為九部以之獨立

(五)合二平一入為一類

(六)仍主「古人韻緩」之說

又按戴氏以入聲為二平相配之樞紐雖本諸江氏而立說特為明確其言「相配互轉」即後來所謂「對轉」也其言「聯貫遞轉」即後來所謂「旁轉」也戴氏雖無「陽聲」「陰聲」

之說而云「有入者如氣之陽無入者如氣之陰」此即孔
氏「陽聲」「陰聲」之名之所本

(八)孔廣森說

廣森字衆仲一字撝約又字顨軒曲阜人所著有詩
聲類十一篇

詩聲類

唐韻二百六部蓋本於隋陸法言等數人之所定其意大
率斟酌消息使適乎今不覈乎古若讀灰近皆後世讀
灰近咍切韻則廁灰于皆咍之間而兩別之古者讀庚入
唐後世讀庚入耕切韻則廁庚于唐耕之間而兩別之既
分古侯虞之屬為二而侯不敢混於尤虞不敢混於模矣
究冬鍾覃談先仙蕭宵之界莫不各有意義迨應功令以

詞賦取士病其部狹律嚴一切同用而聲學始訛矣是故
知蕭宵之不可併而後知古音蕭本幽之類也宵則肴豪
之類也知先仙之不可併而後知古音先與真諄臻文殷
魂痕為一類仙與元寒桓刪山為一類知覃談之不可併
而後知侵覃凡為一類談鹽添咸銜嚴自為一類知冬鍾
之不可併而後知東鍾江為一類冬自為一類知侯虞之
不可分而後知虞與魚模兩類之辨知唐庚之不可分而
後知庚與耕清青兩類之類知灰不可離皆合咍而後知
咍類於之也皆灰類於脂微齊也又知其各與支佳不相
類也竊審基於唐韻階於漢魏躋稽於二雅三頌十五國
之風而繹之而審之而條分之而類聚之久而得之有本
韻有通韻有轉韻通韻聚為十二取其收聲之大同本韻

分為十八乃又剖析於微侈清濁豪釐纖眇之際曰元之
之屬耕之屬真之屬陽之屬東之屬冬之屬侵之屬蒸之
屬談之屬是為陽聲者九曰歌之屬支之屬脂之屬魚之
屬侯之屬幽之屬宵之屬之之屬合之屬是為陰聲者九
此九部者各以陰陽相配而可以對轉其用韻疏者或耕
與真通支與脂通蒸侵與冬通之宵與幽通然所謂通者
非可全部混淆間有數字借協而已至於入聲則自緝合
等閉口音外悉當分隸自支至之七部而轉為去聲蓋入
聲創自江左非中原舊讀……江左文人尚有不知入聲者
況可執以律三代之文章哉……廣森學古音幸生於慎云
立顧寧人二君子之後、既已辨去叶音之惑而識所指歸
近世又有段氏六書音均表出藉得折衷諸家從其美善

若之止志收尤有宥之半模姥暮收麻馬禡之半歌哿箇收支紙寘之半耕耿諍收庚梗映之半昔入於陌錫入於麥而別以其半歸於沃藥甞顧氏得之矣真元之列為二支脂之之列為三幽別於宵侯別於幽而復別於魚皆段氏得之矣至乃通校東鐸之偏傍使冬劉其半鍾江通其半故大明雲漢諸篇雖出入於蒸侵而不嫌其氾濫分陰分陽九部之大綱轉陽轉陰五方之殊音則獨抱遺經研求豁悟於「思我小怨」「祇自疧兮」「肆戎疾不殄」等向之不可得韻者皆一以貫之無所牽强無所疑滯。鄭言韻以為概指毛詩以為正所因所彙襍而錄之竊取李登聲類之名以名是編蓋文字雖多類其偏傍不過數百而偏傍之見於詩者固已什舉八九苟不知推偏傍以諧衆聲雖偏

列六經諸子之韻語而字終不能盡也故左方載詩所見字而止有信愚說者觸類而長之觀其會通爲可矣

按依右說及詩聲類目錄孔氏古音分類及每類所列廣韻部目可為左表以明之

陽聲	原類第一	丁類第二	
	平○元寒桓刪山仙 上○阮旱緩潸產(獮) 去○願翰換諫襉線	平○耕清青 上○耿靜迥 去○諍勁徑 (庚通用)	平○真諄臻先文殷魂痕
陰聲	歌類第十	支類第十一	
	平○歌戈麻 上○哿果(馬) 去○(箇)過(禡)	平○支佳 上○紙蟹 去○寘卦●錫麥 (脂通支)	平○脂微齊皆灰

辰類第三
上○軫(準)銑吻隱混很
去○震稕(霰)問焮慁恨

陽類第四
平○陽唐庚
上○養蕩梗
去○漾宕映

東類第五
平○東鍾江
上○董腫講
去○送用(絳)

冬
平○冬

(文十頁第十行十二)

脂類第十二
上○旨尾薺(駭)(賄)
去○至未霽祭泰怪夬隊廢●質術櫛物迄月沒曷末黠轄屑薛

魚類第十三
平○魚模
上○語姥
去○御暮●鐸陌昔

侯類第十四
平○侯(虞)
上○厚(麌)
去○候遇●屋燭

幽類
平○幽(尤)蕭

由○

考音互書不多

冬類第六	侵類第七	蒸類第八	談類第九
上○湩	平○侵覃凡	平○蒸登	平○談鹽添咸銜嚴
去○宋	上○寑感范	上○拯等	上○敢琰忝豏檻儼
（侵蒸通用）	去○沁勘梵	去○證嶝	去○闞豔㮇陷鑑釅

第十五	宵類第十六	之類第十七	合類第十八
上○黝有篠	平○宵肴豪	平○之咍	入●合盍緝葉帖洽
去○幼宥嘯●沃	上○小巧皓	上○止海	狎業乏
（宵之通用）	去○笑效号●覺藥	去○志代●職德	

按孔氏之創辟如左

(一)東冬為二屋沃為二

(二)別談鹽添於覃侵

(三)謂古無入聲今之入聲除緝合等閉口音外古皆為陰聲部之去聲而以之分隸於自後至之七部

(四)丁與辰通支與脂通蒸侵與冬通之宵與幽通

(五)創為陰聲陽聲之名大暢對轉之旨

其分部與段氏異者

(一)段氏之第十二(真臻先)第十三(諄文欣魂痕)兩部仍從江戴合為辰類

(二)段氏之第九部(東冬鍾江)分為東冬二類

(三)段氏之第七(侵鹽添)第八(覃談咸銜嚴凡)兩部之入聲併為合類

(九)王念孫說

念孫字懷祖號石臞高郵人其古韻說見其子引之所著經義述聞通說上茲錄於左

入聲自一屋至二十五德其分配平上去之某部某部顧氏一以九經楚辭所用之韻為韻而不用切韻以屋承東以德承登之例可稱卓識獨於二十六緝至三十四乏仍從切韻以緝承侵以乏承凡此兩歧之見也蓋顧氏於九經楚辭中求其與去聲同用之迹而不可得故不得已而仍用舊說又謂小戎二章以「驂」「合」「軜」「邑」「念」為韻常棣七章以「合」「琴」「翕」「湛」為韻不知小戎自以「中」「驂」為一韻「合」「軜」「邑」為一韻「期」「之」為一韻常棣自以「合」「翕」為一韻「琴」「湛」為一韻不可強同也今案緝合以下九部當分為二部徧考三百篇

及羣經楚辭所用之韻皆在入聲中而無與去聲同用者而平聲侵覃以下九部亦但與上去同用而入不與焉然則緝合以下九部本無平上去明矣

又案去聲之至霽二部及入聲之質櫛黠屑薛五部中凡從至從疐從質從吉從七從日從疾從悉從栗從桼從畢從乙從失從八從必從卩從節從血從徹從設之字及閉實逸一抑別等字皆以去入同用而不與平上同用固非脂部之入聲亦非真部之入聲六書音均表以為真部之入聲非也切韻以質承真以術承諄以月承元音均表以術月二部為脂部之入聲則諄元二部無入聲矣而又以質為真之入聲是自亂其例也

又案切韻平聲自十二齊至十五咍凡五部上聲亦然若

去聲則自十二霽至二十廢共有九部較平上多祭泰夬廢四部此非無所據而為之也攷三百篇及羣經楚辭此四部之字皆與入聲之月曷末黠鎋薛同用而不與至未霽怪隊及入聲之術物迄沒同用且此四部有去入而無平上音均表以此四部與至未等部合為一類入聲之月曷等部亦與術物等部合為一類於是蓼莪五章之「烈」「發」「害」與六章之「律」「弗」「卒」論語八士之「達」「适」與「突」「忽」楚辭遠遊之「至」「比」與「厲」「衛」皆混為一韻而音不諧矣其以月曷等部為脂部之入聲亦沿顧氏之誤而未改也唯術物等部乃脂部之入聲耳

又案屋沃燭覺四部中凡從屋從谷從木從卜從族從鹿從賣從業從彔從束從獄從辱從豕從曲從玉從蜀從足

從局從角從岳從糓肯之字及禿哭粟玨等字皆侯部之入聲而音均表以為幽部之入聲於是小戎首章之「驅」「續」「轂」「馵」「玉」「屋」「曲」楚茨六章之「奏」「祿」角弓三章之「裕」「瘉」六章之「木」「附」「屬」桑柔十二章之「穀」「垢」左傳哀十七年繇辭之「竇」「踰」楚辭離騷之「屬」「具」天問之「屬」「數」皆不以為本韻而以為合韻矣且於角弓之「君子有徽猷小人與屬」晉初六之「罔孚裕无咎」皆非韻而以為韻矣

以上四條皆與某之所致不合不揣寡昧僭立二十一部之目而為之表分為二類自東至歌之十部為一類皆有平上去而無入自支至宵之十一部為一類或四聲皆備或有去入而無平上或有入而無平上去而入聲則十一部皆有之正與前十類之無入者相反此皆以九經楚辭

用韻之文為準而不從切韻之例

韻表

東第一	平	上	去
蒸第二	平	上	去
侵第三	平	上	去
談第四	平	上	去
陽第五	平	上	去
耕第六	平	上	去
真第七	平	上	去
諄第八	平	上	去
元第九	平	上	去
歌第十	平	上	去

支第十一	平	上	去	入
至第十二			去	入
脂第十三	平	上	去	入
祭第十四			去	入
盍第十五				入
緝第十六				入
之第十七	平	上	去	入
魚第十八	平	上	去	入
侯第十九	平	上	去	入
幽第二十	平	上	去	入
宵第二十一	平	上	去	入

按王氏說與段氏異者如左

(一)段氏之第十二部(平聲真臻先上聲軫銑去聲震霰入聲質櫛屑)分為真至二部

(二)段氏之第十五部(平聲脂微齊皆灰上聲旨尾薺駭賄去聲至未霽祭泰怪夬隊廢入聲術物迄月沒曷末黠鎋薛)分為脂祭二部

(三)段氏之第八部(平聲覃談咸銜嚴凡上聲感敢琰檻儼范去聲勘闞陷鑑釅梵入聲合盍洽狎業乏)分為談盍二部

(四)段氏第四部無入(平聲侯上聲厚去聲候)王氏則分第三部之入(屋沃燭覺)若干字為第四部之入故王氏侯部有入

(十)張惠言說

惠言字皋文武進人著有說文諧聲譜輯錄未竟而沒其子成孫續成之後復散失今刻於清經解續編中者龍啟瑞所節錄也原書五十卷節錄本僅九卷茲依其略目為編韻表如左

第一部　中	通第二部◎合三部僅「弘」◎合四部僅「欽」「讖」「驂」「陰」「陽」「禽」「深」「心」◎合六部僅「皇」「漚」「嶷」「堂」◎合七部陽「成」「正」◎合八部僅「頻」「天」◎凡云「通」者全部可通用云「合」者當擇古人已用之字用之
第二部　僮	通第一部◎合四部漚「沈」◎合七部陽「正」◎合十部陽「載」「事」◎合十七部僅「務」「調」「漚」「調」「游」◎合十九部僅「顛」◎合二十部僅「父」

四五

第三部　蒸

通第四部◎合一部詩「躬」易「中」「窮」「終」○合六部經「常」○合九部經「門」「文」○合十部經「言」○合十六部詩「來」○合十九部詩「願」

第四部　林

通第三部◎合一部詩「沖」「中」「躬」易「躬」「中」「窮」「終」○合二部經「封」○合五部詩「儼」○合十七部詩「壯」經「醜」

第五部　嚴

合四部詩「枕」○合六部詩「集」「相」經「占」

合一部詩「崇」經「降」「宮」「窮」○合三部經「懲」○合五部詩「贍」「濫」經「嚴」○合七部易「正」「情」○合八部詩「薪」經「身」○合十部詩「言」經「完」○合十二部易「蔚」○合二十部經「故」

第六部　蓬

通第八部◎合一部易「中」「窮」○合二部易「凶」

第七部鑒	○合六部湯「行」「言」○合九部濟「訓」「盼」緩「置」○合十部緩「匹」○合十六部湯「極」
第八部綦	通第七部◎合一部詩「躬」「中」○合六部詩「風」緩「明」○合九部緩「雲」「分」「墳」「鰥」「聞」○合十部濟「嫄」緩「淺」「顧」○合十一部闋○合十二部詩「疷」
第九部誂	通第十部◎合三部緩「冰」「勝」○合七部詩「刑」「倩」緩「情」○合八部緩「塵」「陳」「賓」「親」「天」○合十口部闋
第十部不	通第九部◎合三部緩「勝」○合六部詩「行」緩「上」○合八部詩「民」緩「翩」「進」○合十一部詩「歸」「萋」
第十一部萋	通第十部◎合第口部闋

第十一部下(至)	通第十三部◎合七部緜「逞」○合九部湯「順」 ○合十部湯「顛」○合十一部詩「禮」緜「濟」○合 十五部緜「迹」○十七部詩「子」緜「脹」
第十二部 肆	通第十□部◎合六部湯「炳」○合九部湯「君」 ○合十□部闕
第十三部 揖	通第十□部◎合十六部詩「式」「熾」○合十七 部詩「猶」
第十四部 支	闕
第十五部 皮	合十部詩「原」○合十一部緜「雷」「亮」○合十四 部詩「褐」緜「知」○合十六部湯「下」○合十八部 詩「翟」湯「弱」

第十六部	緣	通十一部十口部◎合二部緆「用」○合三部詩「賭」○合七部緆「正」○合十口部關
第十七部	鳩	通第十口部第十口部第口口部◎合二部詩「戎」「同」經「同」「龍」○合四部詩「動」經「任」○合十二部經「纏」○合十三部詩「集」○合二十部詩「恢」「鞄」「整」「夜」「瑕」經「蒂」
第十八部	芼	通第十口部第口口部◎合十五部詩「髮」緆「滴」
第十九部	蔞	通第十口部第十口部◎合二部詩「輦」「公」○合三部詩「薨」○合十一部緆「適」○合十二部詩「戾」「舌」○合十六部詩「稷」經「默」○合二十部詩「禡」「羽」

第二十部
岨
合二部詩「戎」。合六部經「迎」。合十二部揚「大」。合十四部經「益」。合十五部揚「化」。合十六部詩「歎」「母」。合十七部詩「保」「遠」「牢」「嶌」經「草」。合十九部詩「服」「殺」「附」

按張氏分部什九與王氏相同，惟王氏東冬合一，而張氏分之；王氏緝盍分二，而張氏合之，此為二家相異之處。至王氏之脂至二部，張氏雖合為一部，而分為上下二篇，是亦知至部之當別出矣。茲將二家韻目列為對照表如左

㊀王	東一	蒸二
㊀張	中一　僮二	薨三
㊀王	諄八	元九
㊀張	詵九	干十
㊀王	盍十五	緝十六
㊀張	揖十三	

侵三	林四	歇十	皮十五	之十七	絲十六
談四	巖五	支十一	支十四	魚十八	岨二十
陽五	筐六	至十二	(至)十一下	矦十九	蔓十九
耕六	縈七	脂十三	萋十一上	幽二十	鳩十七
真七	蓁八	祭十四	肆十二	宵二十一	筆十八

(十一)嚴可均說

可均字景文號鐵橋烏程人所著有說文聲類二篇

說文聲類敘目

古無韻學易詩騷賦銘箴繇贊適節奏天成不限韻無非韻也與午措遷而音變至陸灋言作切韻而音尤變後乃奉為科律固有違言而三代古音十廑一二存矣吳氏棫鄭氏庠陳氏第顧氏炎武江氏永段氏玉裁孔氏廣森先後

[illegible]

挺生古音漸顯論其所據大率後来者居上然尚猶不備且非定論也可均以為漢儒去古未遠而說文幸存說文諧聲財六之一實逾大半竊据其成業譔說文聲類二篇以聲為經以形為緯為檢字者之不易輙借廣韻二百六部建立標題分為十六類合為八類又大合為四類衆類聯比各循其次上下闗通陰陽混一順逆互轉首尾循環其合也一統無外其分也豪釐有辨同類相授各有建首母子相生母別為紐子又生子系綴母後廣其變通之路審厥出入之由夫而後聲經有韻之文皆可讀古人假借之濫無不包矣

茲依說文聲類目次及每類中所列廣韻韻目為編韻表如左

陰聲

之類一

平○之咍
上○止海
去○志代
入○職德

支類二

平○支佳
上○(紙)蟹
去○(寘)卦
入○錫(麥)

脂

平○脂微齊皆(灰)
上○旨尾薺(駭)(賄)
去○至未霽祭泰怪夬

陽聲

蒸類九

平○蒸登
上○拯(等)
去○證嶝

耕類十

平○耕清青
上○耿靜迥
去○諍勁徑

真類

平○真諄臻文欣魂痕
先
上○軫準吻隱混很銑

聲音異、音研究

……類三
- 隊廢
- 入○質術櫛物迄月沒曷末黠鎋屑薛

歌類四
- 平○歌戈麻
- 上○哿果馬(circled)
- 去○箇(circled)過禡(circled)

魚類五
- 平○魚虞模
- 上○語麌姥
- 去○御暮
- 入○鐸陌昔

侯類
- 平○侯
- 上○厚

……十一
- 去○震稕問焮慁恨

元類十二
- 平○元寒桓刪山仙
- 上○阮旱緩潸產獮
- 去○願翰換諫襉霰線

陽類十三
- 平○陽唐庚
- 上○養蕩梗
- 去○漾宕映

東類
- 平○東鍾江
- 上○董腫講(circled)

（六）
去○候過
入○屋燭

幽類七
平○幽尤蕭
上○黝有篠巧晧
去○幼宥嘯
入○沃

宵類八
平○宵肴豪
上○小
去○笑效号
入○覺藥

（十四）
去○送用絳

侵類十五
平○侵覃咸銜凡冬
上○寢感范
去○沁勘陷梵宋

談類十六
平○談鹽添嚴
上○敢琰忝儼檻
去○闞豔㮇釅鑑
入○緝合盍葉怗洽狎業乏

按嚴氏分部與孔氏畧同其異者有二

(一)孔氏侵冬二類嚴氏合為一侵類

(二)孔氏談合二類嚴氏合為一談類

其所謂「合為八類」者如之蒸對轉則之蒸合為一類是也所謂「大合為四類」者之支脂歌與蒸耕真元一類魚與陽一類侯與東一類幽宵之與侵談蒸一類是也

(十二)錢大昕說

大昕字曉徵一字辛楣號竹汀嘉定人其古音說散見於所著潛研堂文集及十駕齋養新錄中茲節鈔數則於左

古無輕脣音　見十駕齋養新錄

凡輕脣之音古讀皆為重脣詩「凡民有喪匍匐救之」檀弓

引詩作「扶服」家語引作「扶伏」又「誕寘匍匐」釋文「本亦作扶服」左傳昭十三年「奉壺飲冰以蒲伏焉」釋文「本又作匍匐蒲本亦作扶」昭二十一年「扶伏而擊之」釋文「本或作匍匐」史記蘇秦傳「嫂委蛇蒲服」范雎傳「膝行蒲服」淮陰侯傳「俛出袴下蒲伏」漢書霍光傳「中孺扶服叩頭」皆「匍匐」之異文

古音「負」如「背」亦如「倍」史記魯周公世家「南面倍依」漢書徐樂傳「南面背依」「倍」與「背」同即「負扆」也書禹貢「至于陪尾」史記作「負尾」漢書作「倍尾」

「苻」即「蒲」字左傳「取人於萑苻之澤」釋文「苻音蒲」晉書「蒲洪孫堅背有『草付』字改姓『苻』」

古讀「文」如「門」水經注漢水篇「文水即門水也」今吳人呼蚊如門[illegible]

「岷嶓既藝」「岷山之陽」「岷山導江」史記夏本紀皆作「汶山」漢

[illegible]

書武帝紀「文山郡」注應劭曰文山今蜀郡㟭山」

古讀「蕃」如「卞」漢書成帝紀引書「於蕃時雍」「於蕃」即「於變」也

孔宙碑又云「於卞時雍」「卞」「變」「蕃」皆同音

古讀「僨」如「奔」禮射義「賁軍之將」注「賁讀為僨覆敗也」詩衍

韋傳引作「奔軍之將」

古讀「敷」如布書顧命「敷重篾席」說文引作「布重莫席」詩「敷

政優優」左傳引作「布政」

「敷」亦讀如「鋪」詩「鋪敦淮濆」釋文「韓詩作敷」又「敷時繹思」左

傳引作「鋪」

古音「逢」如「蓬」詩「鼉鼓逢逢」釋文「逢薄紅反徐仙民音豐」亦

讀「豐」重脣也爾雅「歲在甲曰閼逢」淮南天文訓作「閼蓬」莊

子山木篇「雖羿蓬蒙不能眄睨」今本「蓬」作「逢」蓋淺人妄改茲據陸氏釋文訂正

仔之「逢蒙」也後世聲韻之學行妄生分別以「鼓逢逢」讀重脣入東韻「相逢」字讀輕脣入鍾韻又別造一「逄」字轉為薄江切訓「人姓」改逢蒙逢丑父之「逢」為「逄」以實之則真大謬矣

古讀「封」如「邦」論語「且在邦域之中矣」釋文「邦或作封」「而謀動干戈於邦內」釋文「鄭本作封內」釋名「邦，封也，有功於是故封之也」

「封」又讀如「窆」檀弓「縣棺而封」注「封當為窆，窆，下棺也」春秋傳作「堋」「封」府容切「窆」方驗切「堋」方鄧切聲皆相似故可互轉後儒不通古音乃有「類隔」之例不知古音本無輕脣音也古人讀「封」如「邦」先鄭云「窆，堋，封音相似」是東、宗尚無輕脣音」

古文「妃」與「配」同詩「天立厥配」釋文「本亦作妃」易「遇其配主」

[illegible]

鄭本作「妃」

「娓」即「美」字。詩「誰侜予美」，韓詩作「娓」。說文「娓，順也，讀若媚」。

古音「微」如「眉」。少牢禮「眉壽萬年」注「古文眉為微」。春秋莊廿八年「築郿」，公羊作「微」。

古讀「無」如「模」。說文「𣞤，或說規模字」。漢人「規模」字或作「橅」。

「無」又轉如「毛」。後漢書馮衍傳「飢者毛食」注云「按衍集毛字作无」。漢書功臣侯表序「靡有孑遺耗矣」注「孟康曰耗音毛」。師古曰今俗語猶謂無為耗。大昕按今江西湖南方音讀「無」如「冒」，即「毛」之去聲。

古音「晚」重脣，今吳音猶然。說文「晚，莫也」。詩毛傳「莫，晚也」。

古讀「馮」為「憑」，本以仌得聲。易「用馮河」，詩「不敢馮河」，論語「暴虎馮河」。春秋宋公馮，皆「皮冰反」。

古讀「望」如「茫」，釋名「望，茫也，遠視茫茫也」，周禮職方氏「其澤藪曰望諸」，注「望諸，明都也」，疏「明都即宋之孟諸」。古音「孟」如「茫」。

○舌音類隔之說不可信　見十駕齋養新錄

古無舌頭舌上之分，知徹澄三母以今音讀之，與照穿牀無別也；求之古音，則與端透定無異。說文「沖讀若動」，書「惟予沖人」，釋文「直忠切」，古讀「直」如「特」，「沖子」猶「童子」也。字母家不識古音，讀「沖」為「蟲」，不知古讀「蟲」亦如「同」也。詩「蘊隆蟲蟲」，釋文「直忠反，徐徒冬反」，爾雅作「爞爞」，郭都冬反，韓詩作「烔」，音「徒冬反」，是「蟲」與「同」音不異。

古音「竹」如「篤」，詩「綠竹猗猗」，釋文「韓詩竹作薄，音徒沃反」，今北音定母去聲多訛入端母，古音當不甚遠。詩「麟之定」、「定之方中」皆「丁佞反」，與「篤」音相近，皆舌音也。「篤」、「竺」並从「竹」得聲，論語「君子篤於親」，汗簡云「古文作竺」。

書「日篤不忘」釋文云「本又作竺」釋詁「竺厚也」釋文云「本又
作篤」按說文「竺厚也」「篤厚」字當作「竺」經典多用「篤」以其形
聲同耳

古讀「豬」如「都」檀弓「洿其宮而豬焉」注「豬都也南方謂都為
豬」書禹貢「大野既豬」史記作「既都」「滎波既豬」周禮注作「滎
播既都」

古讀「追」如「堆」士冠禮「追」注「追猶堆也」郊特牲「毋追」釋文「[illegible]
雷反」枚乘七發「踰岸出追」李善注「追古堆字」詩「追琢其章」
傳「追彫也」「彫」「追」聲相近故荀子引詩「彫琢其章」釋文「追對
回反」「追琢」又作「敦琢」詩「敦琢其旅」釋文「敦都回反徐又[illegible]
彫」

古讀「倬」如「菿」詩「倬彼甫田」韓詩作「菿」

古讀「池」如「沱」詩「滮池北流」說文引作「滮沱」李据宋周禮職方氏「并州其川虖池」禮記「晉人將有事於河必先有事於惡池」即「虖沱」之異文

古讀「秩」如「豑」書「平秩東作」說文引作「豑」「爵之次第从豊弟聲」「秩」又與「𢧁」通說文「𢧁大也讀若詩𢧁𢧁大猷」𢧁大聲相近」

「姪」「婦」本雙聲字公羊釋文「姪大結反婦大計反」此古音也廣韻「姪」有「徒結」「直一」兩切今南北方音皆讀「直一切」要在作「徒結切」者古今音有變易字母家乃謂「舌頭舌上交互出切」此殊其根源而強為之辭也

古讀「陳」如「田」說文「田陳也」齊陳氏後稱田氏陸德明云「陳完奔齊以國為氏而史記謂之田氏是古田陳聲同」呂覽

不二篇「陳辭貴齊」即「田駢」也

古人多舌音後代多變為齒音不獨知徹澄三母為然也

如詩「重穋」字周禮作「種稑」是「重」「種」同音陸德明云「禾邊作

重是重穋之字禾邊作童是種藝之字今人亂之已久」今

謂古人「重」「童」同音嶧山碑「動」从「童」說文「董」从「童」左傳「尗髮

如此種種」徐仙民作「董董」古音不獨「重穋」讀為「種」即「種」執

字亦讀如「種」也後代讀「重」為齒音并从「重」之字亦改讀齒

音此齊梁人強為分別耳而元朗以為相亂誤矣湯「僮」、往來徐

仙民音「董」依

房李作「撞」

今人以「周」「舟」屬照母「輈」「啁」屬知母謂有齒舌之分此不識

古音者也考工記「玉楖雕矢磬」注「故書雕或為舟」是「舟」有

「雕」音詩「何以舟之」傳云「舟帶也」古讀「舟」如「雕」故與「帶」聲相

近。「雕」「雕」「琱」「鵰」皆从「周」聲，「調」亦从「周」聲，是古讀「周」亦如「雕」也。

「至」「致」今同音，而今人強分為二（「至」照母，「致」知母），不知古讀「至」亦為「脂利切」，讀如「疐」，舌頭非舌上也。《詩》「神之弔矣」「不弔昊天」，毛傳皆訓「弔」為「至」，以聲相近為義，「咥」「耋」皆从「至」聲可證。

古今方音說（見潛研堂文集）

古今之方音不相遠也。定母之仄聲北人讀如端母，則《詩》「麟之定」「定之方中」「殿天子之邦」「其濫觴也」，「斷」有「徒管」「都管」二切，「檮」有「倒」音，「純」與「頓」通，「訂」本「徒鼎切」而今讀為「丁定切」，非端定之今乎？羣母之仄聲北人讀如見母，則《詩》「叔善射忌」「良士瞿瞿」是也，「卷」有「拳」音，「厥」有「橛」音，「其」有「基」音，非見羣之今乎？澄母之仄聲北人讀如知母，古書「中」與「仲」通，「著」與

「著」通又有「張畧」「直略」二切，非知澄之合乎端母之仄聲。北人讀如邦母，春秋「紀子帛」即「紀子伯」，吳越春秋「帛喜」即「伯嚭」，尚書「於變」或作「於卞」，「比」有「必履」「毗至」二切，「背」有「補妹」「蒲昧」二切，「敗」有「北邁」「薄邁」二切，非邦並之合乎從母之仄聲。北人讀如精母，則詩「其車既載」，禮「虛坐盡後」是也，「薺」有「子計」「在詣」二切，「漸」有「慈染」「子廉」二切，「踐」讀如「翦」，「胥」讀如「需」，非精從之合乎定母之平聲。北人讀如透母，則詩「蠶月條桑」始之矣，「子之湯兮」「湯」讀如「蕩」，「徹彼桑土」「土」讀如「杜」，佛書「國土」「淨土」皆讀如「杜」音，「他」有「駝」音，「隋」有「妥」音，非透定之合乎並母之平聲。北人讀如滂母，史記「抱之山中」「抱」即「拋」字，「蕃」有「婆」「潘」二音，吳人呼「髀」爲「髈」，非滂並之合乎從母之平聲。北人讀如清母，則古書「造次」「從容」之類，又不一而足也。

按有清一代言古音者皆僅及元音之一部分對於輔音皆不甚注意其言古音反切往往就廣韻之紐而改其韻如顧氏唐韻正雄羽弓切古音羽陵反瞢莫中切古音莫騰反風方戎切古音方愔反龐莫江切古音莫工反之類是也江氏尊信守温字母為研究輔音之一人然其意以為古今音紐皆與守温符同所異者僅韻部耳戴氏亦然其所作聲類表列位四十雖與守温畧有異同而其不知古今音紐有殊則與顧江二氏無異考明古今音紐而確知其所以不同者在章黃二氏未出以前有清二百餘年中惟錢氏一人而已其言古音無知徹澄及非敷奉微七紐至今已成定論而宋元以來所謂類隔反

反華四員學會刊乙

諸門法皆不攻而自破矣錢氏年事較段氏為早茲錄其說於此者以前之所述皆關於韻部之說不欲以音紐之說間厠其間故次於後

(十三)章炳麟說

太炎先生古音說見所著國故論衡及文始諸書

古音「娘」「日」二紐歸「泥」說　國故論衡上

古音有舌頭泥紐其後支別則舌上有娘紐半舌半齒有日紐于古音皆泥紐也何以明之「涅」從「日」聲廣雅釋詁「涅泥也」「涅而不緇」亦為「泥而不滓」是「日」「泥」音同也　䵒從「日」聲說文引傳「不義不䵒」考工記弓人杜子春注引傳「不義不昵」是「日」「昵」音同也傳曰「姬姓日也異姓月也」二姓何緣此況日月說文「衵」字從「日」古「月」「外」同字姬姓內也異姓外

也音義同則以日月況之太史公說武安貴在日月之際亦以日月見外戚也「日」與「況」「內」同音故知其在泥紐也

「入」之聲今在日紐古文以「入」爲「內」釋名曰入內也內使還也是則「入」聲同「內」在泥紐也

「任」之聲今在日紐白虎通德論釋名皆云男任也又曰南之爲言任也淮南天文訓曰南呂者任包大也是古音「任」同「男」「南」本在泥紐也

「羊」之聲今在日紐臣鍇本言「讀若飪」臣鉉本言「讀若能」是古音「羊」聲在泥紐也

「然」「而」「如」「若」「爾」「耳」此六名者今皆在日紐「然」之或體有「難」從「艸」「難」聲劇秦美新「難」除仲尼之篇籍五行志「槀難隨地」皆從「難」聲明「然」古音如「難」在泥紐也

「而」之聲類有「耐」易屯曰宜建侯而不寧淮南原道訓曰行柔而剛用弱而強鄭

褭成高誘皆讀「而」為「能」，是古音「而」同「耐」，「能」在泥紐也。「如」從「女」聲，古音與「奴」「拏」同音，轉如「奈」。公羊傳定八年傳「如丈夫何」，解詁曰：「如猶奈也。」又轉如「能」，大雅「柔遠能邇」，箋曰：「能猶伽也。」「柔」「能」與「如」皆雙聲，是「如」在泥紐也。「若」之聲類有「諾」，稱「若」轉「乃」，亦雙聲相轉，是「若」本在泥紐也。釋名曰：「爾，昵也；泥，邇也。」書言「由祀無豐于昵」，以「昵」為「禰」。釋獸「長脊而泥」，以「泥」為「䵑」，是古「爾」聲字皆如「泥」，在泥紐也。漢書惠帝紀曰：「內外公孫耳孫。」師古以「耳孫」為「仍孫」，「仍」今在日紐，本從「乃」聲，則音如「乃」，是「耳」「仍」皆在泥紐也。

「耎」「弱」「儒」「柔」此四名者，今皆在日紐。「耎」聲之「稬」音「奴亂切」，「耎」聲之「煗」音「乃管切」，「耎」聲之「媆」音「奴困切」，是「耎」本在泥紐也。「弱」聲之「嫋」音「奴鳥切」，「弱」聲之「愵」音「奴歷切」，「弱」聲之「溺」

以為「尿」音「奴弔切」。「管子水地」「夫水淖弱以清」，「莊子逍遙遊」「淖約若處子」，李頤曰「淖約柔弱貌」，明古音「弱」與「淖」同，故得以「淖」為「弱」，或為聯語，是「弱」在泥紐也。「儒」之聲類「孺」「濡」「懦」「䆲」，「廣韻」並音「奴鉤切」，此則「儒」本音「穤」在泥紐也。「廣雅釋詁」「柔」訓為「弱」，「說文」「穌」「稬」皆訓為「耎」，「耎」與「弱」，「耎」本雙聲而義相似，故「柔」亦在泥紐也。

明此則「恁」為下齎，「荏」「染」為柔木，其音並在泥紐可例推也。

「人」「仁」之聲今在日紐，「人」聲之「年」為「奴顛切」，「仁」聲之「佞」為「乃定切」，此則「人」「仁」本音如「佞」在泥紐也。「丹」之聲今在日紐，「那」從「丹」聲，則「丹」「那」以雙聲相轉在泥紐也。「攘」之聲今在日紐，「搶攘」古為「搶囊」，是「攘」本音為「囊」，「鼓」亦為「囊」，「囊」在泥紐也。舉此數事，今日紐者古音皆在泥紐，其他以條列均

泥可也

今音「泥」「跜」為泥紐，「尼」「昵」在娘紐。「仲尼」三蒼作「仲跜」，夏堪碑曰「仲泥何侘」，是明「尼」聲之字古音皆如「跜」，「泥」有泥紐無娘紐也（今武昌言「尼」如「泥」，此古音也）。今音「男女」在娘紐，「爾女」在日紐，古音「女」本如「帑」，「妻帑」「鳥帑」其字則一。天文志顏師古說「帑，雌也」，是則「帑」即「女」矣。「爾女」之音後轉為「乃」，有泥紐無娘紐也（今武昌言「女」如「奴」）而撮口泥古音也。「狃」之聲今在娘紐，公山不狃，「狃」亦為「孃」，往來頻復為「狃」，說文作「綵」，「孃」「綵」今在日紐，古無日紐，則「狃」亦在泥紐也，其他亦皆以條例比況可也

紐目表 見國故論衡上、新方言十一、文始敘例

喉音（亦曰深喉音）	牙音（亦曰淺喉音）	舌音	齒音	脣音
見	曉	端知	照精	幫非
谿	匣	透徹	穿清	滂敷
群	影	定澄	牀從	並奉
疑	喻	泥娘日	審心	明微
		來	禪邪	

右二十一紐古音凡目凡同紐者爲雙聲音和並凡同音者爲「雙聲旁紐」又牙喉古相通轉今亦不殊舌頭端透定泥錢大昕說曰古以知徹澄娘分隸故古無舌上音齒音亦與舌頭音通曰今從其義重脣幫滂並明唐韻猶與輕脣非敷奉微相合慧琳新北一切藏經音義始更師說景審序之抨彈古紐謂曰武與綿爲雙聲斯類蓋所不取曰不悟舊音閔奔

梁顧專書研究

晚更發舒古祇重脣無輕脣也精清從心邪本是照穿
牀審禪之副音當時不解分等抑為正齒齒頭二音若爾
「來」之與「良」「見」之與「貫」亦可分為數紐彼既摡成此何煩碎
古今音既非大異故亦如律分配娘紐本非舌上作字母
者憑臆隸屬尋檢古音娘日皆歸泥紐今悉部署不令離
局今音三十六紐不能所在校讎稽合方言毀或增益明
其通轉則凡二十一紐而已——（新方言十一）
近代言小學者或云「財」識米字便可例說此于韻類則合
音紐猶不應也凡同從一聲者不皆同歸一紐若「巳」「以」之
聲皆在淺喉而「台」「胎」在舌「似」「俟」在齒「邪」「齊」之聲喉舌殊致
而自「圓」出「菌」乃為齒音「九」聲古今皆在深喉而「肉」從「九」聲
篆文作「蹂」則在舌頭矣「八」聲古今皆在重脣而「穴」從「八」聲

則在淺喉矣欲言綜音變古則音異者古亦有徵古音本綜合方言非有恒律轉注所因斯為緜象假令「考」「老」小殊不製異字則「老」字兼有「考」音其他可以類例然則分韻之道闊一足以知十定紐之術猶當按文而施但知舌上必歸舌頭輕脣必歸重脣半齒彈舌讀從泥紐齒頭破貌宜在正齒今之字母可省者多斯亦足矣若以聲母作槩一切整齊斯不精之論也——（文始敘例）

以上所錄皆章君論古音紐之説其以知徹澄歸端透定以非敷奉微歸幫滂並明是錢大昕氏所考明以娘日歸泥以喻歸影則章君所考明皆定論也惟齒音一類有正齒無齒頭以分考之適得其反錢君玄同謂章君之意以為古音祇有ㄗㄘㄘ'ㄙㄙ'而無

ㄙ、ㄋ

見上頁章書亦許之

ㄓㄔㄔ'ㄕㄕ'然其所定紐目乃當照穿牀審禪而無
精清從心邪者蓋章君依江浙方音讀照穿牀審禪
以為與精清從心邪皆是ㄗㄘㄘ'ㄙㄙ'之音而照穿
牀審禪為合[開]精清從心邪為齊撮此實誤讀正齒之
音之故（錢君說見國音沿革六講）至於稱見溪群疑
為喉音或曰深喉音稱曉匣影喻為牙音或曰淺喉
音此乃誤據宋鼂公武郡齋讀書志之說又廣韻中
音紐據陳澧氏及黃侃氏所考明實有四十一類較
守溫字母多「莊」「初」「神」「疏」「為」五類章君未嘗論及僅括
守溫字母為說亦疏略也
小學略說 國故論衡上
成均圖

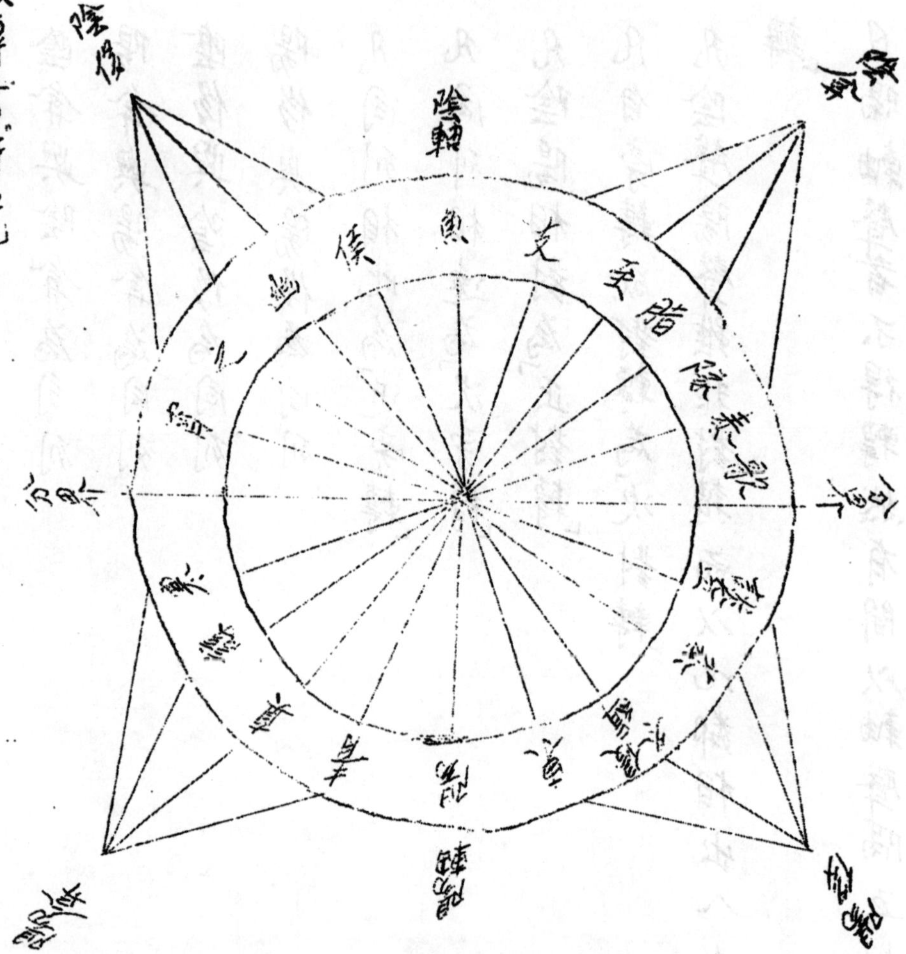

陰弇與陰弇為同列

陽弇與陽弇為同列

陰侈與陰侈為同列

陽侈與陽侈為同列

凡同列相比為「近旁轉」

凡同列相遠為「次旁轉」

凡陰陽相對為「正對轉」

凡自旁轉成對轉為「次對轉」

凡陰聲陽聲雖非對轉而以比鄰相出入者為「交紐轉」

凡陽軸聲者不得轉然有間以軸聲隔五相轉者為「隔越轉」

凡近旁轉次旁轉正對轉次對轉為「正聲」

凡交紐轉隔越轉為「變聲」

孔氏詩聲類列上下兩行為陽聲陰聲其陽聲即收鼻音陰聲非「收鼻音」也然鼻音有三孔道其一「侈音」印度以西皆以半「摩」字收之今為談蒸侵冬東諸部名曰撮脣鼻音古音蒸侵常相合互用東談亦常相合互用以侵談撮脣知蒸東亦撮脣今音則侵談撮脣而蒸東與陽同收此古今之異其一「弇音」印度以西皆以半「那」字收之今為青真諄寒諸部名曰「上舌鼻音」其一「軸音」印度以「姎」字收之不待撮脣上舌張口氣悟其息自從鼻出名曰「獨發鼻音」夫撮脣者使聲上揚上舌者使聲下咽既已乖異且二者非故鼻音也以會厭之氣被閉距

于脣舌宛轉趨鼻以求潔宣如河決然獨發鼻音則異是印度音「摩」「那」皆在體文而「娑」獨在聲勢亦其義也談蒸侵冬東諸部少不審則如陽然其言之自別釋名云「風」沇豫司冀橫口合脣言之風氾也青徐踧口開脣推氣言之風放也「放」在陽為開脣「風」「氾」在侵談為合脣區以別矣焉可憮也夫陽聲弇者陰聲亦弇陽聲侈者陰聲亦侈陽聲軸者陰聲亦軸是故陰陽各有弇侈而分為四又有中軸而分為六矣不悟是者鼻音九部悉似同呼不能得其腮理今江河之域撮脣鼻音收之亦以半「那」字唯交廣以半「摩」字收之此於聲音大劑能條理始從矣然魚者開口之極陽者開口之極故陽部與陽侈聲陽弇聲皆旁轉魚部與陰侈聲陰弇聲皆旁轉餘勢

未已陽與陽弇聲旁轉極于寒矣，又從寒以對轉而得泰；陽與陽侈聲旁轉極于談矣，又從談以對轉而得宵；魚與陰弇聲旁轉極于歌矣，又從歌以對轉而得寒；魚與陰侈聲旁轉極于宵矣，又從宵以對轉而得談。夫惟當軸處中，故兼攝弇侈之聲，與之交捷；其弇侈者爲軸所隔，則交捷之塗絶矣。孔氏所表，以審對轉則優，以審旁轉則疐。辰陽鱗次，脂魚櫛比，由不知有軸音，故使經界華離，首尾橫決，其失一也。緝盍二部雖與侵談有別，然交廣人呼之同是撮脣，不得以入聲相格。孔氏以緝盍爲陰聲，其失二也。對轉之理，有二陰聲同對一陽聲者，有二陽聲同對一陰聲者，復有假道旁轉以得對轉者（此所謂次對轉），若東亦與幽對轉，是假道于冬、侵也；至亦與青對轉，是假道於支也。

六三

支脂亦與寒對轉，是假道于歌泰也。之亦與冬侵緝對轉，
轉是假道于幽也。非若人之處室，妃匹相當而已。孔氏所
表，欲以十八部相對，伉叡不踦，有若魚貫，眞諄二部，勢不
得不合為一，拘守一理，遂令部曲掍殽，其失三也。今為圜
則正之，命曰成均圖。成均圖者，大司樂掌成均之法，鄭司
農以「均」為「調」，古之言「韻」曰「均」，如陶均之圓也。
交紐轉者云何？答曰：寒宵雖隔，以空界亦有旁轉，如大雅
以「虐」「謔」「灌」「蹻」「耄」「謔」「熇」「藥」為韻，說文訓「芼」曰「艸覆蔓」，廣雅訓
「蹻」曰「健」，及夫「緐」之為「寬」，「鞔」之為「豪」，「翰」之為「高」，「乾」之為「槀」（槁，
禮作「薧」），「掾」之與「兆」，「毇」之與「逃」，「讙」之與「囂」，「灌」之與「澆」，「𪗎」之與
「蹏」「夾」「選」之與「撟」「捎」，「偃」「蹇」之與「夭」「撟」，其訓詁聲音皆相轉也。
談盍歌泰雖隔，以空界亦有旁轉，如「丹」聲之字為「那」「冄」「歎」

謂之「曷昊」「盇科」借爲「盇坎」「坎律銓也」「坎」又借爲「科」是歌談之轉也「盇」借爲「曷」「盇」又從「盇」「葉」從「世」聲「世」又借「葉」是盇泰之轉也此以近在脣腹而變陰聲陽聲之界是故謂之「變聲」也

問曰「凡陽聲之收半「摩」半「那」者從陰聲而加之鼻音侯幽之宵寧不可加以半「那」歌泰脂隊至支寧不可加以半「摩」耶」答曰有焉然其勢不能上遂而復下墮故陰聲有隔越相轉之條宵欲對青支欲對談不及則適與其陰聲支宵隔越相轉故「螵蛸」爲「蠨蛸」「左瞟」爲「左解」「戎狄」爲「戎翟」自古以然分數聲々聲樂聲翟聲之字遞入鐸韻者由此也、、

、、、然其陽聲亦往々效之支宵隔五而轉青談亦隔五而轉故公洋經「敬嬴」作「頃熊」說文「孝」讀若耿介之「耿」由此

叢書頁以下言 卅七

也……其幸而合會者宵青有轉則「三蒼」訓「煙」為「迸火」「說文」訓「艴」為「縹色」「莊子」「洴澼絖」即「漂絖」「淮南」「生蔂」即「生荓」是也……此皆奇觚錯出不別弇侈不入旁轉對轉之條而亦成條貫有分理蓋餘分閏位聲音之閏氣也不為常率又非可泯絕其文故謂之「變聲」爾音之正者呼侯幽之宵諸韻聲固近攝脣呼歌泰脂隊至支諸韻聲固近上古矣循是而施鼻音既有常與故範圍不可過「摩」「那」二音焉能更互以施焉

二十三部音準 國故論衡上

古音流傳於晚世者自二十三支分為二百六十則有「正韻」「支韻」之異以今觀古侯當從正韻不當從支韻之虞支當從正韻不當從支韻之佳歟當從正韻不當從支韻之

麻幽當從正類不當從支韻之蕭此爲以正韻定音者當從支韻之微之當從支韻之咍真當從支韻之先僊當從支韻之咸覃當從支韻之江此爲以支韻定音魚模主模祭泰夬廢爲承鐸月薛主曷承鐸此爲以正韻諸部建其眾適之音非審音端諦者莫能明也段氏言古音斂今音侈戴氏以支韻還就正韻則支韻之何以分象冬何以辨爲錢君駁之曰歌部字今多入支此明古侈今斂之徵也余以古人呼泰若今北方呼麻之去今方與代隊至亂亦古侈今斂也大氐聲音轉變若環無端終則有始必若往而不返今世宜多鮮頭之變矣

昔唐韻以入聲配陽聲韻顧氏悉取以配陰聲及戴君言二平同入以爲陰陽對轉之符孔氏取爲而復以爲古無

入聲與古音本無藥覺職德沃屋燭鐸陌錫諸部是皆皆
之幽侯魚支之變聲也有入聲者陰聲有櫛質屑一類曷
月鎋薛末一類術物沒迄一類陽聲有緝類盍類耳顧君
以藥覺等部悉配陰聲徵之說文諧聲詩傷比韻其法契
較然不遂若「貌」得聲于「皃」「𦤎」得聲于「芙」「藥」得聲於「樂」「式」得
聲于「弋」「特」得聲于「寺」「蕭」得聲于「肅」「篤」得聲于「竹」「博」「縛」得聲
于「尃」「錫」得聲于「易」蓋其平上去入皆陰聲也遽數之不能
終其物江戴以陰陽二聲同配一入此于今韻得其條理
古韻明其變遷因是以求對轉易若截肪其實古韻之假
象耳已知對轉猶得兔可以忘蹏也然顧氏以入聲麗陰
聲及緝盍終不得不麗侵談孔氏云無入聲而談與緝盍
乃為對轉戴氏以一陰一陽同趣入聲至緝盍獨承陽聲

侵談與陰聲可承者皆若自亂其例此二君者坐亦知古平上韻與去入韻塹截兩分平上韻無去入去入韻亦無平上夫泰隊至者陰聲去入韻也緝盍者陽聲去入韻也

古泰部音開口橫呼不與代近乎闔口幪呼不與隊同乎皆非也音具蜀閩而聲勢與今人言麻部去入同世人皆云古無麻音江南始有之蓋據經典釋文韋昭讀「車」為「尺奢反」也然爾雅注論江東呼「華」為「荂」「荂」音敷則江東猶從古音「尺奢」之音蓋與音「魚」者異紐非異聲勢也今江寧山陰古吳越舊都也山陰音讀「加」正如「哥」讀「麻」正如「摩」讀「化」正如「貨」其餘一切悉同歌戈而江寧言「家」言「馬」音亦在魚模歌戈間是則唐韻麻部與歌小殊與北若今中原之張

之 [illegible]

口也且譯釋與直音番晉突閉矣雖遷隋唇張口之聲韻取歌戈而不及麻明其時歌麻非有大別若是古音遂無發以者乎因有焉古之泰部如今中原呼麻自麻部變為張以而泰部乃有橫口縱口音矣案「胥」本訓「縣」字從「廿」聲聲類音「勢」地理志雁鹿郡「胥師」古亦音「式制反」而劉昌宗讀「時夜反」唐韻則「神夜反」史記高祖本紀索隱引漢書功臣表「胥陽侯劉纏」而史記作「射陽」讀「胥」為「射」此則古之音「胥」正如今呼「縣」也說文黍艸之白華為「茇」釋草云莖陵皆黃華蕡白華茇古之言「茇」正如今呼「鮑」也推其類例古之言「蘖」「蘖」正如今呼「芽」也古之言「世」正如今呼「愿」也古之言「迣」正如今呼「息」也古之言「誘」篤「說」正如今呼「知」也古之言「日」伯所說「說」正如今呼「含」也古之言「匈」正如今呼「假」也古之

言「近」，正如今呼「𢳘也」（𢳘者辭去也）。古之言「毁」，言「噣」（說文皆訓「息」），正如今呼「㕫」也。古之言「肆」，正如今呼「奢」也。皆去入聲讀之耳。且方言：「襎裷謂之幭。」注云：「即帊幞也。」廣雅：「幞，帊。」亦同訓「幭」，則古呼「幭」，正如今呼「帊」也。說文云：「自讀若鼻。始生子為鼻子。」則古呼「鼻」，正如今呼「[illegible]」也（以雋切，長言曰伯）。亦去入聲讀之也。蓋泰部與魚部為張口閉口反覆之音，故泰部有此字者，音義相轉，在魚部借以假字「背」，音本張口，如俗呼「縣」而「懸」為閉口，如今呼「舒」。及泰部音變，而常語泰異，由是以魚部同意之字代之矣。嘗又驗之魚與陽為正對轉，其雙聲連語，陽則多與泰，則若言「[illegible]」，言「汸灖」，言「唐遑」，言「磨棣」，言「疆界」，言「滂沛」，皆其比類。惟泰部正如今世中原麻音，故旋轉為陽。齊今江寧、山陰呼麻皆斂，而吳越間呼

六二

蘄黃侃季剛所記

泰則與侻方咲麻者同，亦可以驗矣。

侯音寫口，故對轉爲亦寫口。東部古音如今江西呼江部音而收聲，江南浙江呼江韻皆寫口，或呼陽唐亦宛轉肖之。江則是陽唐非也。今之呼東者不能如江部音，亂于冬矣；湖南呼冬如「登」，又亂于蒸，皆非正音也。徵之故書，逢孚引《書》「洚水」，言「洚水者洪水也」，此以今語釋古語也。案《說文》「洪，洚水也」，「洚，水不遵道」，兩字同義，就如《唐韻》「洪」「洚」皆户工切，則不煩以今語說古。以「洚」在冬部，其聲徑直；「洪」在東部，其聲穹隆，是以古今語言微異，有待于轉譯也。（今《廣韻》「洚」有「户公」「户冬」「下江」三音，「户冬」者「洚」之本音也，「户公」者「洪」之今音也，「户江」者「洪」之古音也。）侯部字若「叢」「顒」「齵」「喁」轉入東鍾，「講」「梏」「銗」則轉入講，亦有轉入冬、宋者。講部，江之上聲，以

是知古音東部如今江部而與冬部聲勢殊矣

侵談皆陽聲而緝盍爲之入，陽聲何以有入？曰：緝盍之音非不可去也。「合」之聲從「亼」，《詩》傳以「今」爲「急」詞，「及」「急」可讀如「禁」「禁」也。「衿」與「給」亦相轉，「衿」借明「衿」亦可讀如「襟」也。「紟」音「子入切」，《詩·螽斯》作「蟄蟄」，八「蟄」「甚」聲同「蟄」，可讀如「浸」也。「厭厭」即「愔愔」，明「厭」可讀如「陰」也。「浥」「濇」同義，明「浥」可讀如「窨」也。「給」「贍」同義，明「給」可讀如「禁」也。「亼」「三」同義，明「亼」可讀如「滲」也。「吸」爲吸氣，「歙」爲神食氣，「歆」之語出乎「吸」，明「吸」可讀許禁切也。「執」聲有「蟄」「縶」，明「執」聲字古皆「都念切」也。「盍」聲有「豔」，明「盍」聲字古皆「以贍切」也。「乏」聲有「泛」「覂」「窆」「砭」，明「乏」聲字古皆「方驗切」也。及如《詩》之《小戎》以「驂」「合」「邑」爲韻，《常棣》以「合」「琴」「翕」「湛」爲韻，正以平去閒叶矣。因是知古音緝盍可作去聲，去入同

文字音學研究　二

類故通讀入耳

古韻二十三部蓋是詩人因律取韻管弦傳之作也諒不于上皇之世然自「明」「良」「喜」「起」著在有虞斯始伶倫作樂部曲已分降及商周元音無変至于語言流衍不盡遵其舊道然非韻無以明也近世有黃季剛懺見顧江戴段之書以為傳書檢校非關通者所務自定古音為「曲」「直」「通」三類斯亦偏有得失天語言流轉不依本部多循旁轉對轉之條斯循七音既定轉以旋宮則宮商易位錯綜以変當其未旋則宮不為商商不為角居然有定音矣若無七音之準雖旋宮亦無所施徒增其昧亂耳夫經聲者方以智轉聲者圓而神圓出于方方數為典非有二十三部雖欲明其轉変亦何由也黃氏所條見則易矣然自「曲」「通」相門、侯

東與以對轉誠欲就關獨有合為一部猶二毛之讙語斯
斯則可也猶有讎異局若分其年什綜其會僚以齊殽紛
則線紕于此成文于彼與恖通轉有窮流遂或望權衡得
失斷可知矣
形聲既定字有常聲獨体象形或有逾律若「西」讀「沾」「導」乃
今「舑」「鼓」字也又讀若「誓」則「舌」亦作「西」矣「白」聲近「顛」今言「囟
門」猶並作「息進切」「然」「恖」從「囟」聲則復遁入之部或字斷以
作「蹕」「[illegible]」取「囟」聲則「𡿪」亦作「囟」矣何當獨體所規但有形魄
象物既同異方等視各從其緒以呼其形聲之蓋亦諸及
視之則稱以「火」「身」毒視之則稱以「阿耨」凡能呼之言不同
所呼之象不異斯其義也乃至「丨」「宀」猶「夢進」「退」滕言「盛」字
會意「戲」「奴」異讀亦或從其類別音以字非形聲非域不定
發聲異字蔑丹究

二乙

今述文始以「囟」「自」「丨」「臣」諸文悉異部諸所並見兼從聲變猶韻書言一字兩收也又世人多謂「周秦以上音當其字必與諧聲」斯亦大略粗舉失之秋豪夫「舊」從「臼」聲像文互讀「彝」從「互」聲泰臨泆取亦越弇侈之律也乃若「啻」「舐」「維」「驁」同在幽部「臯」聲字古已入諄「眞」「塡」「蔑」「塡」本在寒部「奧」從「乔」聲古文「塡」從「乔」聲「奧」聲字古已入幽「至」轉爲「弔」「輖」變爲「蟄」至宵亂流幽泰交捽此于韻理無可言者明古語亦有一二譌音顧其數甚少爾必云聲理宜然即部部可歸一韻若云東冬諸目定自後人不容議古古之韻略欲以何明分者混用就號以明封畛不謂名自古成由名召實邑無異趣古音或不當形聲欲依孳乳自宜就其相遷若實知音即須弇侈有異斯非「囟」「自」「丨」「臣」之例所能節也

以上所述章君論古韻部之說其創解如左

(一)創為「韻聲」「弇聲」「侈聲」之區別

(二)創為「近旁轉」「次旁轉」「正對轉」「次對轉」「交紐轉」「隔越轉」之區別

(三)以青韻為上古鼻音(附ㄋ)東冬蒸韻為撮脣鼻音(附八)

(四)古平上韻無去入 去入韻亦無平上

(五)分古去入韻為泰隊至緝盍五部而以泰隊至為陰聲緝盍為陽聲

(六)魚讀從模 脂讀從微 之讀從咍 真讀從先 寒讀從
江侵讀從咸

(七)泰讀如今中原呼歷之去

(八)緝盍可讀如侵談之去，去入同類，故通讀入

(九)獨體象形字間有多音

(十)古亦間有譌音

其分部以王氏二十一部為主，而兼采孔氏衆冬分二之說，為二十二部；又以脂部去入諸字，《詩》多獨用，因析為隊部，故得二十三部。（《文始》二曰：「隊」「脂」相近，同居互轉，若「聿」「出」「內」「术」「戾」「骨」「兀」「鬱」「勿」「弗」「卒」諸聲諧韻，則《詩》皆獨用，而「自」「隹」「靁」或與脂同用。）

茲將章君諸說列為簡表如左

	陰聲	陽聲
弇	歌平聲韻 泰去入韻	
舌	上)	寒平聲韻

	聲	翕聲	侈聲
	脂平聲韻、隊去入韻；至去入韻；支平聲韻	魚平聲韻	侯平聲韻；幽平聲韻；之平聲韻
	（鼻音）	（發聲鼻音）	（撮脣鼻音）
	諄平聲韻；真平聲韻；青平聲韻	陽平聲韻	東平聲韻；冬平聲韻、侵平聲韻、緝去入韻；蒸平聲韻；談平聲韻

盍 去入韻

錢君玄同評之曰：

玄同按章君對轉之說全宗孔氏而對轉之韻則頗有更改

章君「鼻音有三孔道」之說極是顧附 ŋ 者僅列一陽韵則尚未諦其實章君列於弇聲（n）之青與列於侈聲（m）之東冬蒸皆當與陽韻同附 ŋ 今以魚陽韵為軸聲之故致今附 ŋ 者不能有二韵遂以青與東冬蒸分入附 n 與附 m 然後諸古說證諸今音皆無根据自昔韵家所稱為「閉口音」者惟侵談而已絕不及東冬蒸也此故諸古說而無據者也今廣東音讀侵談韻字附 m 而讀東冬蒸韻字則無附 m 者官音讀

青韻字附收與真韻附入者絕異此證諸今音而與
據者也章君此等分別實有未當
孔氏以合韻列於陰聲韻中具有未合而章君改列
緝盍兩入聲韻於陽聲則亦非是章君謂「交廣人呼
緝盍與侵談同是撮脣」其實廣東人呼侵談韻其末
為ㄇ呼緝盍韻其末為ㄆ全不相同若謂本亦撮脣
則廣東人呼泰隊至諸韻其末為ㄊ亦當與寒諄真
諸韻之末為ㄋ者並列於陽聲矣泰隊至不能列於
陽聲則知緝盍亦不當列於陽聲也
章君所列「交紐轉」「隔越轉」二種說甚牽強今按其所
舉之字什九皆是雙聲與韻無涉章君後著文始刪
除此二轉之名謂「雙聲相轉」為變聲則已取消前說

矣（其他如軸聲與弇聲後聲通轉諸字亦有大半當為雙聲相轉）——「錢君說見其所編文字學講義」

（十四）黃侃說

季剛先生古音說見其所編文字學講義

論聲韻條例古今同異

從前論古韻者專就詩文形聲及古用韻之文以求韻部專就古書通借字以求聲類而於音理或不了然是以古韻家所作反切往往世無此音至於錢竹汀音學之魁碩也能知古無舌上為一大發明矣而云「古舌齒互通」泯五聲之大介嚴鏡橋亦古韻之專家也能知十六韻類矣轉音通而絕去一切聲類之條例矣而云「廣韻分部多誤」至於今韻之家不為字母等韻之學所拘攣即自我作故而

為種種怪異之論於是今韻古韻永無溝合之時而聲韻條例竟無从建立今為提挈綱維討榷舉聲韻條例古今同異如左

先言同者

(一)發聲之處有五曰喉舌齒脣古今所同也雖以鄰近之故有時喉舌互通(如見母字往往與匣母通)齒舌交紐(如「齊莊中正」為雙聲)而各个具在並不函胡

(二)聲有清濁古今所同也雖有時曉匣共聲(如呼从乎聲)徵澄同紐(如神从申聲)喉音并喻於影舌音并群於溪然不可遂謂古無清濁之別

(三)韻有開合古今所同也雖灰韻之聲古只合而今有開然不可執此遂以為古無開合之別

二三

筆頁專書冊號

（五）韻有陰陽有對轉異平同入古今所同也對轉之理發明之者為戴氏而孔氏運用之然所分配尚多未合即至氏成均圖亦尚有待參者然皆施於古韻耳至於今韻入聲配三聲惟於陽聲合耳（如東董送屋之類）陰聲則有合有不合（江永四聲切韻表所配如之止志職其合者也虞麌遇藥其不合者也）今則古音二十八部今音七十二類對轉之理大明其分配皆不差纍黍

（六）一字或有數音古今所同也有人言古代字止一音無一字數音者不知一字數音其起原遠在太古是故「一」也有讀「進」讀「退」之分「西」也有讀「導」讀「沽」讀「誓」之異「代」者長言短言之殊「風」有橫口蹴脣之别既不能禁一音之變轉又豈能限一字之必一音哉

其異者

(一)五聲之變古今有異也古聲不過五今聲則舌音之中包有舌頭舌上半舌半齒齒舌間五類之音(齒舌間音如照穿神審禪之類向無此名今始為立此亦本安爾)古聲惟有舌頭耳半舌一類實宜於舌音齒音之中包有齒頭正齒二類之音古聲惟有齒頭耳脣音之中包有重脣輕脣二類之音古聲惟有重脣耳輕脣歸重脣舌上歸舌頭娘日歸泥皆以師說證明自餘歸併皆基於陳氏所考而愚加以證明也

(二)聲類數目古今有異也古聲之數十有九曰影曉匣見溪疑端透定泥來精清從心幫滂並明今聲則由影而變者曰喻曰為由溪而變者曰羣由端而變者曰知曰照由

透而變者曰徹曰穿曰審由定而變者曰澄曰神曰禪由泥而變者曰娘曰日由精而變者曰莊由清而變者曰初由從而變者曰牀由心而變者曰邪曰疏由幫而變者曰非由滂而變者曰敷由並而變者曰奉由明而變者曰微（為神莊初疏五名三十六字母所無今為立名）凡某聲自某來亦至今日乃完全證明者也

（三）韻部多少古今有異也廣韻中諸韻但有十九聲者皆為古音（陰上去兩聲不用）又以開合同類者併之得二十八部其在陰聲曰歌灰齊模侯蕭豪咍其在入聲曰曷屑沒錫鐸屋沃德合怗其在陽聲曰寒先痕青唐東冬登覃添自此以外皆為今音廣韻共分二百六部（此中更應分類有一韻一類者有一韻之中含有數類者）若罔分類法

更加對轉法列之實有七十二類以較古祇十二類者繁變多矣（古十二類者歌一曷寒二灰沒痕三屑先四齊錫青五模鐸唐六侯屋東七蕭八豪沃冬九咍德登十合覃十一帖添十二）

（四）四種聲勢之闗完古今有異也古聲於開合齊撮中或止有開合或止有齊撮或止有開而無齊有合而無撮今聲則一韻之中往往兼備四者如麻韻庚韻是也

（五）陰陽聲之多少古今有異也古聲但有陰聲陽聲入聲三類陰陽聲皆平也其後入聲少變而為去平聲少變而為上故成四聲（四聲成就甚遲晉宋間人詩尚去入通押）近世段君始明古無去聲然學者尚多執古有四聲之說其證明古止二聲者亦近日事也

見上[illegible]

以上為黃君論古紐韻之說其創穫約有數端

(一)古聲只十九紐(較章君少娘日二紐)

(二)以照穿神審禪端透定不歸精清從心邪

(三)廣韻中諸韻但有古十九紐而無他紐者即古本韻

(四)古音只有平入而無上去

其分部與章君二十三部大略相同惟入聲依戴氏分列錫鐸屋沃德五部故得二十八部

茲將黃君所說列為古聲古韻二表如左

古聲十九紐表　旁注者古音所無

喉音	牙音	舌音	齒音	脣音
影喻為	見	端知照	精莊	幫非

曉	匣		
溪羣	疑		
透徹穿審	定澄神禪	泥娘日	來
清初	從牀	心疏邪	
滂敷	並奉	明微	

古韻二十八部表

旁注者廣韻部分大略加口者謂廣韻此部中字在古韻本部者三之二也○者半數△者三之一

陰聲八部	歌 歌戈麻		灰 灰脂微齊皆支		齊 齊支佳
入聲十部		曷 曷末月黠鎋屑薛祭泰夬廢	沒 沒術物迄至未怪隊	屑 屑櫛質黠至	錫 錫昔麥
陽聲十部		寒 寒桓元删山先仙	痕 痕魂真諄文欣	先 先臻真諄	青 青清耕庚

七六

模	侯	蕭	豪	咍		
模 模魚虞麻	侯 侯虞	蕭 蕭尤幽肴豪	豪 豪蕭宵肴	咍 咍之支尤		
鐸 鐸藥陌麥昔	屋 屋燭覺		沃 沃屋覺藥鐸錫	德 德職麥屋	合 合緝盍洽	怗 怗盍葉洽狎業乏
唐 唐陽庚	東 東鍾江		冬 冬東	登 登蒸	覃 覃侵談咸凡	添 添談鹽咸銜嚴凡

觀右表所列雖未敢目爲定論然自吳棫以來七百年間研究古音者後先相望大抵前修未密後出漸精至是可謂一結束矣至其研究之塗術黃君亦略有説明茲錄於左

凡一字於古確讀何音一韻中字某某字宜讀何韻之音

求是等證據謂之「音證」其術七

(一)說文形聲 此造字時之音最爲可信後世雖有遷變不得執後以疑古 如說文「舌」从「可」省聲「可」既在歌部則「舌」古音亦應在歌部 其讀入唐部者音變也「歎」从「古」聲「古」既在模部則「歎」古音亦應在模部 其讀入添部者音變也

(二)說文重文 如「祀」重文作「禩」證知「巳」「異」同部「确」重文作「㱿」證知「角」「㱿」同部

(三)韻文 如詩關雎首章「鳩」「洲」「逑」爲韻「鳩」「逑」皆从「九」聲此知「洲」「九」二字同韻凡从「洲」「九」得聲之字皆同韻次章「流」「求」爲韻 知凡「流」「求」得聲之字皆同韻三章「得」 爲韻「得」从「㝵」聲「服」从「𠬝」聲「側」从「則」聲此知凡从「㝵」「𠬝」「則」得聲之字皆同韻自餘經傳子史有韵之文皆可推得 兩事一爲本

聲韻彙書研究 二ㄥ

字之韻二為本字所从得聲之字之韵(韵文約分三期:《詩經》以上為一期,《易傳》以下至漢末為一期,三國至梁初為一期,自此以後變化具見《切韻》以下諸韵書,不煩別為排比)

(四)聲訓 古人訓詁多取音同音近音轉之字,最易見者如《白虎通德論》、《釋名》二書,幾於無字不用聲訓。《說文解》有聲音關係者居十之九,無聲音關係者什一而已。茲從《經籍纂詁》一東韻中略鈔數字以明徵佐:「東,動也」《廣雅·釋詁》「東」端母,「動」定母,古音同類為雙聲;「東」平聲,「動」上聲,古音無平上之分,此以音近為訓。然「動」从「重」聲,「重」从「東」聲,以「動」釋「東」亦可謂以同音為訓。「同,共也」《周禮注》「同」「共」皆在古東部,今音有平去之分,古音無之,此以疊韵為訓。「同,等也」臣

氏春秋注」「同」定母「篝」端母古音同類為雙聲此以音轉為訓」「同猶通山海經注」「同」定母「通」透母古音同類為雙聲二聲皆在東部此以疊韻又音近為訓」童猶獨也易馬融注」「童」「獨」皆定母「童」東部「獨」屋部東以屋為入聲此謂平入相通亦可云音轉為訓此類聲訓不勝僂指要而言之訓詁異聲音古本同物其不用聲訓者蓋不可展轉取聲者也此為研究音證最富之材料

（五）通借　古書同本而異字者然可分為三類一者形近而誤如「巳亥」誤為「三豕」「列淫」誤為「別淮」此類在經傳中亦恆有之然不多見二者義近而通如「邦」或作「國」「恒」或作「常」「長」或作「修」之類經傳雖有亦與聲音無關除此二條皆為以聲通借上自易傳數家四詩五春秋今古文尚書周禮

故書儀禮古文下盡經典釋文所載諸經異字其有通借或以音同或以音近或以音轉由此可得甚多徵佐亦音證最富最美之材料也舉例如左

音同者如周禮典同注[一]故書銅作同由此證明「銅」「同」相通

音近者如儀禮聘禮記註[二]鞠窮如也」釋文[三]窮本又作躬」由此證明「窮」「躬」相通

音轉者如儀禮聘禮記注[四]今文公為君」由此證明「公」「君」相通

(六)擬音　漢人注古書多有比況音讀之文其詳見洪亮吉漢魏音大約可分為二種一曰「讀為」之例「讀為」者不但擬其音而且通其字如鄭康成詩箋[五]仇讀為斠」鄭司農周禮注[六][illegible]讀為徽」之類言「仇」「[illegible]」不特與「斠」「徽」音同其義亦應

為「斛」「徽」也。一曰「讀」「如」之例。「讀如」者，仿擬其音，不通其字。如說文曰「蠢讀若『春麥為蠢』之蠢」；「瑂讀若眉」之類。言「蠢」之音當如今之言春麥者，「瑂」之音當如今之言眉者，而其字則絕不相通也。大抵漢人作音，立文雖多不同，而總括之，不過此二類耳。至其作音之字，約分四類：一曰單字，如上文所舉「徽」「眉」。二曰經傳常文，如鄭司農周禮注曰「寄讀為『志無空邪』之空」。「志無空邪」，康成識文也。又曰「讀為『侍移從風』之移」。「侍移從風」，上林賦語也。三曰方俗語，如「春麥為蠢」。又說文「鬗讀若江南謂酢母為鬗」之類。四曰比擬聲勢，如高誘淮南子注所云「急氣」「緩氣」，釋名釋天所云「舌頭」「舌腹」之類。此等音證，雖較之反切為疏，然可由此以得漢人聲音通轉之理，亦言音證者所不能廢也。

（七）反切　反切始於孫炎其初亦與漢人擬音之法參襍而用其後乃純用反切以成韻書於是音韻之條理乃粲然大備後世合聲之法近日注音字母皆從此推進耳然今日古韻書全部存在可信者僅廣韻集韻二書字書載反切完全者僅徐校說文宋修玉篇及類篇三書廣韻本於隋陸法言切韻宋修玉篇本於梁顧野王玉篇時代悉為甚古不足以以考見漢後百年音韻之變遷是以言反切之學仍當別考他書以推其變化之跡舉其要籍一曰陸德明經典釋文二曰顏師古漢書集注三曰李善文選注其餘單文散見群籍者多係六朝舊音此種音證上接周漢下啟隋唐論音尤不可忽也

案黃君所舉研究古音之塗術可謂賅備矣今人注

[illegible]竇氏又據梵文與歐文之對譯考證漢魏時譯名於古音學上實別開一新境地雖其言「歌戈魚模皆收於Y」與周秦古音頗有未合而亦未可忽視之也

汪君撰歌戈魚虞模古讀考大旨言「唐宋以上凡歌戈韻之字皆讀a音不讀o音魏晉以上凡魚虞模韻之字亦皆讀a音不讀u音或ü音」載國學季刊一卷二號及華國月刊一卷二三期又作論阿字長短音答太炎大旨言「魚為長阿(ā)歌為短阿(a)泰為ai支為ɑi脂為ɯi之為ɔi侯為ɔ幽為ɔu」載學衡第四十三期

聲韻學書研究

八十

國音沿革

國音沿革

余譽編

國音沿革

第一講　古今音變總論

古今標準音的變遷，可以分作六期講：第一期，周秦。第二期，兩漢。第三期，魏晉南北朝。第四期，隋唐宋。第五期，元明清。第六期，中華民國。以上所說各期的起訖，並非精密的劃分，不過略記時期，圖講解上的便利罷了。

第一期的音

第一期的音，以前的人都稱他為「古音」。但是就現在講起來，不但第一期的音是古音，那第二三四五期的音，也一律都是古音。若單稱第一期的音為古音，實在是不對的。現在對於這期的音，應該直稱他為「周秦時代的音」。

為什麼不講到周朝以前的音呢？因為周朝以前的文章，只有尚書裏還存留四五篇。那四五篇之中，可以作為考証聲音之材料的，真是絕無僅有。尚書以外的古書，就要推詩經了。詩經中間的詩，時代最古的，就是周南。周南是周文王時候的詩，雖在殷朝末年，却可以歸到周朝來算。既然從這時候起才有詩歌的用韻可考，那麼，講前代的標準音，自然只能從周朝講起了。

一部詩經中間，最古的詩是周南，最後的詩是陳風。從周文王到陳靈公的時候，大約有五六百年光景。我們就現代的情形推想到周朝，似乎那時候的音未必有統一五六百年的能力。況且這第一期既然劃到秦為止，則此期所佔的年代，總在一千年左右。若說這一千年之中，

標準音一些也沒有改變恐怕沒有這種情理。

既然知道這一千年之中的標準音必有改變，何以要把他併作一期呢？這是因為沒有法想的原故。這一千年之中，可以作為考證聲音之材料的詩歌和雜文，雖然比到殷朝以前，總算有了一點，但是合詩經楚辭及諸子中用韵的文句，可考的聲音實在還是少。據最近三百年來「漢學家」的考證，覺得屈原李斯這些人所作的文，他那用韻的字，和詩經相較，找不出甚麼異同來，所以只可含糊一點，併作一期計算。

至於地方不同，聲音即因之而異，這種情形，現在交通很便利了，還是如此；那麼，周朝的時候，尚在封建之世，彼此一定是「言語異聲」「文字異形」，不會一致的。但是那時

候，彼此交際的事，—如朝，聘，會盟，—是常常有的。交際的時候，一定有一種通用的語言文字。這種通用的語言文字，就是那時候的標準語言文字；標準語言文字所用的音，自然就是那時候的標準音了。大約那時候的人，除了懂得他本國的語言文字以外，還須懂得這種彼此通用的語言文字；彷彿現在的人，除了懂得他自己本地的方言以外，還須懂得官話一般。這種通用的語言文字，既然都能懂得，則作到詩歌文章，自然大家就去用他[illegible]。用通用的語言文字作詩歌，自然國風所用的韻，彼此都能一致了。

那時候既有標準語言文字，有標準音，據章炳麟先生說，這標準音就是論語所謂「雅言」那麼這「雅言」究竟是

甚麼地方的音呢？原來就是周室的音。「雅言」這個「雅」字，本是「夏」字的假借。劉台拱的論語駢枝裏說道：「雅之為言夏也。孫卿榮辱篇云，『越人安越，楚人安楚，君子安雅。』又儒效篇云，『居楚而楚，居越而越，居夏而夏。』然則雅夏古字通。」張行孚的說文發疑裏說道：「雅，知當為夏者，按說文云：『夏，中國之人也。』所謂中國者，以天下言之，則中原為中國；以列國言之，則王都為中國。劉氏所謂『王都之音最正』，故以雅名。」是也。據此所說，可知「雅言」本作「夏言」，「夏」指周室，則「夏言」就是周室的音。周室的音，在當時認為最正的音，所以就是當時全國的標準音。

據了詩經中用韻的字，固然可以考見周音之大概。但是若單據了這些用韻的字來假定周音的韵部，實在

顧氏廣韻正表字注云「以上字皆与六脂七之通為一韻，凡从支从氏从是从兒从此从卑从虒从尔从知从危之屬皆入此」，此其見者若干條，又多引說文某字从某聲，考以證古韻，則是聲母与古音韻部之關係，顧氏亦不知之也。

很嫌不夠。此外還有一部漢朝許慎的說文解字，都是考証周秦古音極重要的書。說文有九千三百餘字，其中「形聲」字幾乎占了八千。這「形聲」字所從的「聲」，自來都稱他為「聲母」。凡同從一個「聲母」的字，在當時都是同音字。這八千形聲字所用的聲母，約有一千餘字。若把這些聲母的古音，旁稽博考，求了出來，則說文九千餘字的古音，可以知道了。近代研究周秦古音的人，如顧炎武、江永，對於周秦古音，都是單據韻文中用韻之字，還沒有想到形聲字的「聲母」。後來段玉裁、嚴可均……他們纔拿了說文九千餘字，以「聲母」為綱，從某「聲」的字，都係屬於「聲母」之下，按照詩騷諸子所用的韻，定為若干韻部，於是周秦之音，差不多可以假定出一個規模來了。

第二期的音

第二期的音，在音韻沿革上看來，覺得很特別的。但看這一期韻文的用韻，便可以知道了。這一期的韻文，從司馬相如楊雄班固張衡這班大文學家所作的詩賦，到無名氏所作的歌謠，他們的用韻，一律都是很混雜的。怎樣的混雜呢？周秦時代的韻部，雖然是近代人所假定的，但都根據詩經楚辭諸子的用韻，和說文中的形聲字來編定。覺得這韵和那韻，的確是界畫分明，不能相混。到了漢人的韻文，就不然了：往往有周秦分為數韻的，都把他通押起來。所以說那時的用韻很混雜。

但是有人說，「聲音的分合，本來沒有甚麼是非可言。古合者今分，古分者今合，這種變遷，本是常事，不能說他

是混雜。這個話固然不差。不過我覺得兩漢的混雜，並不是那時的標準音如此。因為前乎兩漢的周秦，用韵是很清晰的；後來兩漢的魏晉六朝，用韵也是很清晰的。並且在周秦時候分的，魏晉以後也還是分。那麼，決不是介乎其間的漢朝忽然併合了。我覺得那個時候，不是聲音其少，乃是沒有標準音，各操土風，以致混雜的。

土風也有土風的條理，何至於就混雜無紀呢？我想這是有一個緣故：例如甲。方土音，把子丑兩韻混合了，寅卯兩韻則仍分用；乙方土音，對於子丑兩韻還是分用，而寅卯兩韻卻混合了；那麼，甲方的人用土音作韵文，把子丑兩韵合用，乙方的人用土音作韻文，又把寅卯兩韵合用。兩方的人看了甲乙兩方的韻文，他於是就把甲乙兩

(卯)(寅)(丑)(子)

乙方　甲方

(卯寅)(丑子)　(卯)(寅)(丑子)

兩方

(卯寅)(丑子)

此冬部与覃登相近而東冬二部亦最相近，於是東冬二部之字往々与覃登合用，且霰假而合於添部矣（東方朔七諫容与心韵，司馬相如長門賦崇与臨韵，張衡東京賦鐘与乘韵，劉向九歎窮与後韵）。蒸部字本有自咍部流變於之部，非盡于通也，而竟褫然並用矣（楊雄甘泉賦芒与𥊝韵，司馬相如上林賦𥊝与游韵，班固幽通賦𥊝与留韵）。歌部並用，然則有如劉歆列女傳贊「後果遁逃」与馳為韵，唐覃並用，然則有如焦氏易林「剛柔相傷」与金為韵，覃部先並用，然則有如王褒洞簫賦「薄索潺湲風」与淵軒為韵，陸旣樫復並用，先青並用

方合用的都合用了。這不是本來分為四韵的，就混合為兩韻了、嗎？假如再有某地方的土音，把子卯或子寅或丑卯合用了，就可以有人把子丑寅卯四韻合用。混雜的原故，我以為是這樣的。所以到了魏晉以後，有了韻書，把這些混合的韻分別部居，不相雜廁，仍和周秦之韵相去不遠。

何以兩漢時候沒有標準音呢？我想這是戰國以來，取消周朝標準音的緣故。從春秋以前，列國承認周室為共主，自然各國都以雅言為標準音。可是到了戰國時候，就不然了。說文序中說：「其後（指孔子死後）諸侯力政，不統於王，……分為七國，……言語異聲，文字異形。」這所謂言語異聲，文字異形，決不是他們硬把雅言來改變，是

寧唐並用齊夫皆與
標並用出不可枚舉

大家不承認雅言為標準音了，七國都是自己稱王，所以都認自己原來的方音為標準音。七個大國，方音就有七種。其餘宋衛中山這些小國，自然也是各有方音。既無雅言為標準，自然全國都是用方音了。到了秦始皇兼并天下，「書同文字」，「罷其不與秦文合者」，那麽語音自然也是以秦音為標準了。可是秦朝年代很短，雖然厲行統一的政策，大概未必有多大的效果。漢興以後，既不願推行秦音，又勢不能恢復周音，惟有任其自然，不加統一。在周朝的時候，本來各國都有方音。有了標準音，方音還不能消滅；而況又經戰國時代大家把方音暢用一番，則漢朝自然還是沿用了。政府方面既任其自然，民間又沒有人作韻書來審定字音。在這種青黃不接的時候，韻部混雜，自是

意中事。

第三期的音

第三期的音，却比第二期要有條理，因為從這一期起有韵書了。第一部韻書，是魏李登的聲類。後来又有晋呂靜的韵集；南齊周顒的四聲切韵。此外見於陸法言切韻序和隋書經籍志的，還有好幾種。這些書，現在雖已亡佚，無從知道他的內容；但是他們定音的標準，還有可考的。北齊顏之推家訓的音辭篇裏說：「孫叔然創爾雅音義，是漢末人獨知「反語」。至於魏世，此事大行。……厥後音韻鋒出，各有土風，遞相非笑。……共以帝王都邑，參校方俗，考覈古今，為之折衷。」照這段話看来，可以知道這期的韻書，是用當時的首都的音作標準的。但這期的中国，

隋書潘徽傳曰李登聲類呂靜韻集始判清濁纔分宮羽。唐封演聞見記曰聲類十卷以五聲命字不立諸部。魏書江式傳曰靜仿於李登聲類之法作韵集五卷宮商角徵羽各為一篇。顏氏家訓音辭篇曰韻集以成仍宏登（清蒸耕登）合成兩韻為奇（支）益石（昔）分作四章聲類以系音羿……不可依信。清陳鱣今本聲類叙錄曰聲類……唐以後失傳

從原書所引羣集得二百餘條，併因元本部分不可考見，故依陸法言書次第錄為一卷。（鈔）……以存諸魏晉訓詁學。又今本韻集敘錄曰：呂靜書今已不傳，其部次不可考……謹從群書采獲，錄成一編，編次之，考類之後，存呂氏多聊資考鑒焉。

分作好幾個國：起初是魏蜀吳三國；中間是晉朝和十六國；後來就是南北朝。當時的百姓，生在那國，就認那國為正統。作韻書的人，就拿他所生在國的首都的音定為標準音了。但是首都的音，其價值本來和各處的方音沒有甚麼高下。要是遇到那些過於俚俗，不能行遠的音，就不能完全依用，總得把各處的方音兼取幾分。所以顏之推說「共以帝王都邑，參校方俗，考覈古今，為之折衷」了。

第四期的音

第四期，是韻書很完備的時期。這期有四部最有名的韻書：就是——隋陸法言的切韻，唐孫愐的唐韻，宋陳彭年等的廣韻，宋丁度等的集韻。這四部韻書，後面三部，對於切韻，不過加若干字，改幾個音；於法言定韻的標準，是

切韻成書於隋仁壽元年，唐初長孫訥言為之注，郭知玄、關亮等又於各部增加字數。天寶間孫愐重加刊正，改名唐韻。及宋景德間以舊本偏旁差訛，傳寫漏落，注解未備，乃命陳彭年等校讎增損，為校定切韻五卷。大中祥符元年，改為大宋重修廣韻。卷首例題「陸法言撰本，劉臻、顏之推、魏淵、盧思道、李若、蕭該、辛德源、薛道衡八人同撰集」。敦煌石室嘗見唐寫本切韻，去聲全缺，其平上入三聲韻目與廣韻異者：平聲少諄、桓、戈，上聲少準、緩、果、儼，入聲少術、曷，與唐寫本唐韻同。

没有改變的。現在切韻和唐韻都已亡佚，只剩廣韻和集韻了。所以現在的韻書，以廣韻為最古。我們儘可據了廣韻當作切韻研究。

廣韻卷首，刻有陸法言的切韻序。序中說：「……因論南北是非，古今通塞，欲更捃選精切，除削疏緩。」照這兩句話看來，知道陸氏審定音韻，是兼采南北之音的，不是以首都之音為標準的。這是和第三期不同的地方。

第三期的時候，全國不能統一，所以定音的標準，只好各從其主。那時候雖有韻書，雖有標準音，都是不止一個標準音。到了陸法言的時候，在政治上，南北是統一了，但是南朝從魏晉以來，將近四百年，是個獨立國，他的文化程度是很高的，和北朝是不相連絡的；兼之對於聲音

韻音沿

的研究，南朝人又是特別擅長的。若是因為政治上統一於北朝，就定北音為全國的標準音，叫南人完全犧牲他研究了四百年的成績，這是不可能的。所以切韻只能兼采南北之音了。

唐朝末年，有守溫定三十六字母，這是專門講「音紐」的。和廣韻合起來研究，可以明白當時的「音紐和韻部」。不過廣韻裏的音紐，和守溫字母不盡相同，（切韻和廣韻也有不同。）所以守溫字母，雖然是這第四期中專講音紐的東西，但是這一期的音紐，不能完全拿字母來包括。這其間的異同，在第五講裏說明。

第五期的音

第五期的標準音，與第四期大不相同。你想，切韻這

部書，是作於南北初混一的隋朝。經歷唐宋兩代，七百年間，政治有改變，文學有革新；那麼這標準音自然也發生變遷了。怎樣的變遷呢？就是把隋唐以來兼采南北的標準音，變為偏重北音的標準音了。現在把他分開講一講：

(甲)政治的改變　自從石敬塘割讓燕雲十六州給契丹以後，直到元朝統一中國，這三百餘年間，外族的勢力一天一天的強盛。元朝的首都，就是現在的北京。當時中國的百姓，震於他們長驅直入之勢，俯首投降，又作他們的官吏，則語言的聲音，自然就根着他們改變了。他們的首都，就是他們勢力的中心點。首都的語音，就是他們的官話。漢人仕於其朝者，自以能講官話為宜。因此首都官話的音，自然漸漸的成為標準音了。

（乙）文學的革新

陸法言作「切韻」其用意在審定聲音，並非為作詩者押韻之用。因此，他所分的二百○六韻，其中有若干韻則字甚少。唐朝以詩賦取士，拿「切韻」作為「詩韻」用，就不得不把那些字少的韻和别韻合用，以便押韻了。那主張把「切韻」裏若干韻合用的人，唐有許敬宗，宋有賈昌朝，二百○六韻，經這兩个人的合併，實際上只有一百○七韻了。南宋末年，有個劉淵，他把這合用的各韻老老實實併合為一百○七韻。元朝有個陰時夫，他又把一百○七韻併了一韻，成為一百○六韻。（均詳第五講）這一百○七韻的合用，全是鹵莽滅裂歸併的；儘有毋音同的韻不合用，毋音異的韻反合用的；於音理上和自然的語音上都說不過去，只有那些愛作律詩的人遵用

白石道人歌曲平聲
滿江紅
瀾（廣韻寒。桓同用）的
山（廣韻山）冠（桓）
環（刪。山同用）看
（寒）南（覃。談同用）
闌（刪）瞞（桓）
間（山）
廣韻（寒桓）（刪山）（覃）不同用
西廂記賴婚
呵（平歌）多（平歌）
破（去過）話（入末）
磨（上果）模（平模）
大（去箇）何（平歌）
山中白雲詞解連環
晚（阮）散（去翰）遠（阮）

他罷了。宋朝的詞，是當時的新文學。因為其中多用當時的語言，並且還要合入樂器的原故，就不能用這種不合音理不合自然語音的韻了。所以詞的用韻，和那一百〇七韻固然不同，就是和切韻也不相同，大概是依着當時的語音用韻的。據此看來，可見宋朝的音已經和切韻不盡符合了。到了元朝，北曲大興。作北曲的人，幾乎都是北方人。曲中文句，都是用北方的語言作的，則押韻的字當然是純粹用北音，決無再守切韻以來的舊韻之理。後來北曲作得多了，周德清據了來作中原音韻，於是元朝的標準新韻書就出現了。

北音在政治上既認他為官音，在文學上又認他為一種很有價值的新韻。因為這兩個原故，漸漸就成為全

國的普遍語音了。

監(忝)眼(產)薛(琰)懇(去願)轉(獮)見(去霰)捲(獮)唐韻上聲(阮)(旱)(產)(獮)(銑忝)去聲(願)(霰)均不同用

中原音韻初出的時候，社會上未必就公認他為一種新韻書，不過把他當一種「曲韻」罷了。可是大家講話的聲音，於不知不覺之間，早已同化於北音，早已默認北音為標準語音，所以到了明朝，那部洪武正韻，竟用了中原音韻來作藍本。

四庫提要曰：李東陽懷麓堂詩話曰「國初顧錄為宮詞有以為言者，朝廷欲治之，及觀其詩集，乃用洪武正韻，遂釋之」此書初出亟欲行之故也，然終明之世竟不能行於天下，則是非之心終有所不可奪也

明清兩代，那班「古典派」的詩人，守住「燒料」的主義，於是排斥洪武正韻等書的，仍守唐宋的韻，不是切韻，就是陰韻，他們以為如此，則可以保存舊了。然而無聊文人對於舊韻，雖時時爭持於紙上，而實則節節失敗於口中。所以到了現在，製定國音，還是沿用中原音韻和洪武正韻一系的音。

第六期的音

第六期，就是現代了。現在的標準音，就是注音字母。注音字母，是全国公用的音，也可以稱為「國音字母」。

注音字母定音的標準，雖然本於中原音韵以來的韵書，可是這樣製造記號以表聲音的方法，却為前此所未有。這是中国表音方法的大進步！

以前表音的方法：表明一個字音，是用反切的；表明許多同母音的字，是用韵書的。這反切所用的字，和韵書的韵目，還是漢字。因為不知漢字的音，所以才用反切，才分韻部；乃反切和韻目仍用漢字，則對於不識字的人，毫無用處。這是中国以前表音方法的大缺點。現在有了這種音標的記號，則今後對於文字，容易認識；對於音讀，也

容易統一了。

上面所述的六期，又可以括為四期。就是：第一第二合為一期，以第二期包括於第一期之中。這期的音，以形聲字的「聲母」為根據。　第三第四合為一期，以第三期包括於第四期之中。這期的音，以韻書為根據。　第五期的音，還是以韻書為根據。不過這期的韻書，和前期大不相同了。　第六期的音，以音標為根據。

本編就這四期，分成四講。首先講述國音字母，次講元明之音，次講三十六字母和廣韻二百○六韻，末了講近人所假定周秦古音的紐韻。

一七

（附）聲類沿革表

周音									
黄侃假定十九紐	見	溪		疑	端	透	定	泥	
章炳麟假定二十一紐	見	溪	羣	疑	端（知）	透（徹）	定（澄）	泥（娘）（日）	
隋切韻三十三紐	見	溪	羣	疑	端	透	定	泥	
唐守溫三十六母	見	溪	羣	疑	端	透	定	泥	知
宋廣韻四十一紐	見	溪	羣	疑	端	透	定	泥	知
明蘭茂二十母	見	開			東	天		暖	
清樊騰鳳二十母	金	橋			斗	土		鳥	
勞乃宣二十一母	見	溪		疑	端	透		泥	
國音聲母	ㄍ ㄐ	ㄎ ㄑ		ㄫ ㄬ	ㄉ	ㄊ		ㄋ	
阻	（舌根阻）（舌前阻）				（舌尖阻）				）

舌上阻可改称翹舌尖阻

舌上阻	雙脣阻	脣齒阻
	邦 滂 並 明	
	邦 滂 並 明 (非) (敷) (奉) (微)	
	邦 滂 並 明	
徹 澄 娘	邦 滂 並 明	非 敷 奉 微
徹 澄 娘	邦 滂 並 明	非 敷 奉 微
	冰 破 梅	
	梆 匏 木	
	邦 滂 明	
	ㄅ ㄆ ㄇ	
(舌上阻)	(雙脣阻)	(脣齒阻) (破裂音)(擦鼻音)

		心 從 清 精	
		禪 審 牀 穿 照 (邪) (心) (從) (清) (精)	
照	山 牀 初 莊	邪 心 從 清 精	
照		邪 心 從 清 精	
照	山 牀 初 莊	邪 心 從 清 精	
拔		雪 從 早	風
竹		糸 鵲 翦	風
照		心 清 精	微 非
业		厶 ㄘ ㄗ	万 匚
)	(阻 背 齒)	(阻 尖 齒)	(阻 齒 脣) (音擦摩)

			影		匣	曉				
			影 （喻）		匣	曉				
于	喻		影		匣	曉	禪	審	神	穿
	喻		影		匣	曉	禪	審	牀	穿
于	喻		影		匣	曉	禪	審	神	穿
		無	一	向				上		春
		蛙	雲	火				石		蟲
			影	曉				審		穿
				ㄏ ㄒ				ㄕ		ㄔ
ㄩ （舌前兼雙唇阻）	ㄧ （舌前阻）	（元音）		（舌根阻） （舌前阻）	（聲門阻）		（舌葉阻）			

(阻尖舌)(阻叶舌)(音 邊)	(阻尖舌)(唇叶舌 阻权根)(音 播)
来	
来	
来 日	
来 日	
来 日 人 来	
雷 日	
来 日	
力 日	儿 乂

(附)韻部韻攝分合表

廣韻二百○六韻	麻馬禡 ㄚ ㄧㄚ ㄨㄚ		歌哿箇 ㄛ	戈果過 ㄧㄛ ㄨㄛ ㄩㄛ	模姥暮 ㄨ	虞麌遇 ㄩ	魚語御 ㄩ	支紙寘 一 ㄩ
平水韻百○六韻	麻馬禡		歌哿箇		虞麌遇		魚語御	
切韻指南十六攝	假		果		遇			
中原音韻十九韻	(家麻)	(車遮)	(歌戈)		(魚模)			
洪武正韻七十六韻	麻馬禡	遮者蔗	歌哿箇		模姥暮	魚語御		
五方元音十二韻	馬	蛇	駝		虎			
切韻要法十二攝	迦	結	歌					
勞乃宣十六韻	迦	結	歌	裓開	裓合	裓撮		
國音韻母	ㄚ	ㄝ	ㄛ	ㄜ	ㄨ	ㄩ		

脂旨至一ㄩ	之止志一	微尾未一ㄩ	齊薺霽一ㄩ	祭一ㄩ	廢一ㄩ	灰賄隊ㄨㄟ	咍海代ㄞ	佳蟹卦ㄞㄨㄞ	皆駭怪ㄞㄨㄞ	夬ㄞㄨㄞ	泰ㄞㄨㄞ	蕭篠嘯一ㄠ	宵小笑一ㄠ	肴巧效ㄠ	豪晧號ㄠ
支紙寘	微尾未	齊薺霽	灰賄隊	佳蟹卦	泰	蕭篠嘯	肴巧效	豪晧號							
止	蟹	效													
(支思)	(齊微)	(皆來)	(蕭豪)												
支紙寘	齊薺霽	灰賄隊	皆蟹泰	蕭篠嘯	爻巧效										
地	豺	獒													
祴	傀	該	高												
祴齊	傀	該	高												
ㄓ	ㄧ	ㄟ	ㄞ	ㄠ											

十四

鉤　　　　纖

國音韻攝	仙獮線薛 一ㄢ ㄩㄢ	先銑霰屑 一ㄢ ㄩㄢ	山產襇鎋 ㄢ ㄨㄢ	刪潸諫黠 ㄢ ㄨㄢ	桓緩換末 ㄨㄢ	寒旱翰曷 ㄢ	嚴儼釅業	添忝㮇怗	鹽琰豔葉	凡范梵乏	銜檻鑑狎	咸豏陷洽	談敢闞盍	覃感勘合	幽黝幼 一ㄡ	侯厚候 ㄡ	尤有宥 一ㄡ
	先銑霰屑		刪潸諫黠		寒旱翰曷		鹽琰豔葉			咸豏陷洽		覃感勘合			尤有宥		
	咸														流		
	(先天) 先銑霰屑		(寒山) 刪產諫黠		(桓歡) 寒旱翰曷		(廉纖) ㄴ 鹽琰豔葉			(監咸) 覃感勘合					(尤侯) 尤有宥		
	天														牛		
	千														鉤 ㄴ		
	干														鉤		
	ㄢ														ㄡ		

元阮願(月)	ㄧㄢ ㄩㄢ	元阮願(月)	臻	(真文)真軫震(質)	人	根	根	ㄣ
魂混慁(沒)	ㄨㄣ							
痕很恨○	ㄣ							
真軫震(質)	ㄧㄣ ㄩㄣ	真軫震(質)						
諄準稕(術)	ㄩㄣ							
臻○○(櫛)	ㄣ							
文吻問(物)	ㄩㄣ	文吻問(物)						
殷隱焮(迄)	ㄧㄣ							
侵寑沁(緝)		侵寑沁(緝)	深	(侵尋)侵寑沁(緝)				
江講絳(覺)	ㄨㄤ	江講絳(覺)	江	(江陽)陽養漾(藥)	羊	岡	岡	ㄤ
陽養漾(藥)	ㄧㄤ ㄩㄤ	陽養漾(藥)	宕					
唐蕩宕(鐸)	ㄤ ㄨㄤ							
庚梗映(陌)	ㄥ ㄧㄥ ㄨㄥ ㄩㄥ	庚梗敬(陌)	梗	(庚青)庚梗敬(陌)				
耕耿諍(麥)	ㄥ ㄨㄥ							
清靜勁(昔)	ㄧㄥ ㄩㄥ							
青迥徑(錫)	ㄧㄥ ㄩㄥ	青迥徑(錫)						

蒸拯證Ⓒ職 一ㄥ	登等嶝Ⓒ德 ㄥ◆ㄨㄥ	東董送Ⓒ屋 ㄨㄥ ㄩㄥ	冬〇宋Ⓒ沃 ㄨㄥ	鍾腫用Ⓒ燭 ㄩㄥ	
蒸〇〇Ⓒ職		東董送Ⓒ屋	冬腫宋Ⓒ沃		
		涌			
		(東鍾)			
		東董送Ⓒ屋			
龍					
庚					
庚					兒
ㄥ					〇儿

四年六月

十六

第二講　聲韻和反切

音學分作兩大部分：(一)聲，(二)韻。聲中應該說明的是(甲)聲類；(乙)阻；(丙)無聲僕音和有聲僕音；韻中應該說明的，是(丁)韻部；(戊)等呼；(己)單純元音，複合元音，附聲的元音；(庚)四聲；(辛)韻攝。

聲類

中國所謂「聲」，就是英文的「consonant」。普通譯為「子音」，而Vowel則譯為「母音」，名稱甚不確當。嚴復英文漢詁改稱為「僕音」和「元音」，於義較合，今即用之。稱僕音為「聲」，由來甚古。漢魏之際，就有「雙聲」「疊韻」兩個名目，僕音相同的字叫做「雙聲」，元音相同的字叫作「疊韻」。所以單稱僕音，就叫作「聲」。把一個時代所用的僕音分成若干類，就叫作

聲韻亦謂之體勢封演聞見記曰周顒好為體語北史徐之才傳曰尤好劇談體語一切經音義曰梵文阿等十二字為聲勢哥等三十五字為體文隋書經籍志曰自後漢佛法行於中國又得西域胡書能以十四字貫一切音謂之婆羅門書今取以附體勢之下」體者聲也勢者韻也

「聲類」。

雙聲這個名詞，雖然遠起於漢魏之際，但當時還沒有把聲類分列。直到中唐以後，守溫才依着印度字母的排列，定當時所用的聲為三十六類，每類任取本類中一個字作為標目，就稱為「三十六字母」。這個名詞，是很不通的。因為守溫所定的三十六字，不過是個聲類的標目，既不能與韻目拼合成字，并且單有僕音，怎麼可以稱為字母呢？近來章炳麟先生據孫愐的唐韻序裏「紐其脣齒喉舌牙部，仵而次之」這句話，說古人本稱僕音曰「紐」，因主張改「字母」之名曰「音紐」。「紐」就是樞紐；「音紐」的意思，是說發音机關，那麼這個名詞，也还可以用得。本編兼用「僕音」「聲類」「音紐」三名。

阻

從前的音韻書上，對於阻的位置所定的名稱，以守溫三十六字母所用的為最普通。他分為七音，七音又分為十類：就是(一)牙音，(二)舌音，（分為舌頭音和舌上音二類）(三)脣音，（分為重脣音和輕脣音二類）(四)齒音，（分為齒頭音和正齒音二類）(五)喉音，(六)半舌音，(七)半齒音。如與現在國音七阻相較，則牙音即舌根阻，舌頭音即舌尖阻，重脣音即雙脣阻，輕脣音即脣齒阻，齒頭音即舌齒阻，正齒音即舌葉阻，半舌音即舌尖阻的邊音，半齒音即舌葉阻的邊音，舌上音和喉音為國音所不用。

音學家對於阻的種類，也有定了名目來分他的。方密之通雅，江永音學辨微，錢大昕養新錄，陳澧切韻考外

篇，均定為「發聲」「送氣」「收聲」三類，分得太粗畧。近人勞乃宣等韻一得定為「戛」「透」「轢」「捺」四類，較方氏等所分稍加精密。茲將勞氏的四類，和今定之名稱相較，則「戛」為破裂音的出聲，「透」為破裂音的送氣，「轢」為單純摩擦音，齒縫摩擦音，和邊音，「捺」為帶鼻音。至於捲舌音之儿，因舊音併於日母，所以勞氏沒有另立一類。

照上面所列的看來，可以知道舊音學家對於阻的位置，定名頗多不當。（如「牙」如「半齒」等名，皆不可通。）對于阻的種類，分析亦欠明白了。

無聲僕音和有聲僕音

僕音之不受聲帶顫動的，是「無聲僕音」，如西文字母之P F T S等音是；受聲帶顫動的，是「有聲僕音」，如西文

等韻門外篇曰惟湖州獨有濁上聲如短爲清上斷爲濁上斂爲清去殮爲濁去補爲清上簿爲濁上布爲清去步爲濁去之類皆分別[illegible]確切不移況如[illegible][illegible]與亦頗能讀之

字母之BDG等音是舊韻書上所謂「清音」「濁音」，元明以來所謂「陰平」「陽平」都是指這兩類而言：「清音」和「陰平」，即「無聲僕音」；「濁音」和「陽平」，即「有聲僕音」。

現在對於「陰平」「陽平」這兩個名詞，有應該說明之點。——既要稱為陰陽就稱為陰陽罷了。何以下面又要加個「平」字呢？原來無聲僕音和有聲僕音，本來各有平上去入的。元明以後，以北音為普通音，北音發音高亢，有聲僕音惟有平聲，那舊韻書裏有聲僕音的上去入聲，北音都讀成無聲僕音了。當時的音韻學家，就想出一個方法，把那有聲僕音的音紐取消，其字歸入無聲僕音的音紐之中。可是在「破裂音」和「破裂兼摩擦音」中，無聲僕音的音紐都有兩個，有聲僕音的音紐都只有一個。前人都說這一個

陰平陽平之說始於中原音韻，方密之通雅謂之嗟嘆，馬自援等音又謂陰平為全聲，列於平上去入之外

音紐也有兩種讀法，即一為出聲，一為送氣。這話是很對的。元明以來的北音，把這有聲僕音的音紐的平聲，讀他自身的送氣的音；上去入聲，則讀成無聲僕音的出聲的音。那歸併音紐的人，因此就把這有聲僕音的平聲，歸入無聲僕音的送氣的音，稱為他的陽平；上去入聲，則與無聲僕音的出聲的音合併為一。這樣一來，就把幾個有聲僕音的音紐取消了。

韻部

中國所謂韻，就是英文的Vowel，嚴復譯為元音。元音和僕音的分別：就是當聲音從氣管裏往外發洩的時候，若於舌顎脣齒各部位遇阻，使成破裂或摩擦等；音響的，是僕音；氣流自由外達，不遇阻的，是元音。語言裏

面用着的元音，無論古今中外，都是很少，總不過用了十個左右。

廣韻共分二百零六韻，這是把四聲分開了說的。若把四聲併合了計算，也有六十一韻之多。難道隋唐宋時候竟用到六十一個元音嗎？這一定不是的。我們應該知道廣韻的一韻，並不就是一個元音，往往有三韻五韻同一個元音的。為甚麼一個元音要分為好幾韻呢？這是因為廣韻這部書，不單是說明當時的聲音，是兼有隋以前的古音的原故。譬如哈，佳，皆三韻，若論當時的元音，都讀國音之ㄞ韻，所以要分為三韻，因為哈韻的字是古今都讀ㄞ的。佳韻本是古之齊韻，讀ㄧ音，後轉為ㄞ的。皆韻本是古之灰韻，讀ㄟ音，後轉為ㄞ的，因為系統不同，於是

把同讀另音的字分為三韻。其他以一個元音而分為兩三韻的，大概都是這個原故。

因為如此，所以宋元以來，又有人把那一個元音分為數韵的歸併為一攝。中原音韵則併為十九韻。洪武正韻又变為七十六韻。此外尚有若干韵書，分部多少，彼此不同。這就是古今韻部有变遷的証據。

等呼

照中國音韻上的習慣，一個元音，可以分作開口和合口兩等。開合又各分為洪細二等。開口洪音，亦曰「開口呼」，開口細音，亦曰「齊齒呼」；合口洪音，亦曰「合口呼」，合口細音，亦曰「撮口呼」。

開口齊齒合口撮口四名始見於梅膺祚韻法圖

潘耒的類音裏說：「初出於喉，平舌舒脣，謂之開口。

舉舌對齒，聲在舌顎之間，謂之齊齒。斂脣而蓄之，聲滿頤輔之間，謂之合口。蹙脣而成聲，謂之撮口。」潘氏這話把開齊合撮的讀法，說得還算明白。

這四等，是很容易說明的。「宋元以來講音韻的人，不知怎樣把這開合共有四等的話弄錯了，說是開口有四等，合口也有四等，合起來一共八等。他們說這一等到四等的不同，有一等洪大，二等次大，三四皆細，而四尤細的話。（江永說）仔細一想，竟是不通的。請問次大和洪大是怎樣的分別？尤細與細又是怎樣的分別？章炳麟先生駁得很痛快，他說：『季宋以降，或謂合口開口皆四等，而同母同收者可分為八。是乃空有名言，其實使人哽介不能作語。驗以見母收舌之音，「昆」「君」「根」「斤」以外，復有他聲可容

指掌圖所列一二兩等皆洪音，三四兩等皆細音，而一四乃古本韻之洪細，二三為今变韻之洪細。例如第七第八兩圖所列一等為寒桓韻，四等為先韻，皆古本韻也。二等為刪山韻，三等為元仙韻，皆今变韻也。據此則八等猶之四等，四等猶之二等矣。

其間耶？」章君以外，如潘耒、勞乃宣，都有駁八等的話。這等呼當從四等之說，不當從八等之說，可以作為定論了。周秦之音，多用開合，少用齊撮。唐宋之音，開齊合撮四等用得都很多。現代的國音，對于廣韻中齊撮兩呼的字，又有若干改讀開合兩呼了，這是古今音韻上等呼的變遷。

古韻二十八部中惟齊蕭先青添屑錫帖八部乃齊撮呼餘皆開合呼

如宮居戎切處昌與切說失爇切

單純元音　複合元音　附聲的元音

單純元音，如國音韻母中一ㄨㄩㄚㄛㄜㄝㄦ諸韻是。複合元音，如國音韻母中ㄞㄟㄠㄡ諸韻是。附聲的元音，有兩種，一種是附加帶鼻音，即兀ㄋㄇ；一種是附加破裂音，即ㄎㄊㄆ。加兀的，如國音韻母中ㄤㄥ諸韻是。加ㄋ的，如國音韻中ㄢㄣ諸韻是。加ㄇ的，如廣韻中侵覃諸韻

是；國音不用，把廣韻中侵覃諸韻之字轉讀入ㄢㄣ諸韻之中。加破裂音的三種，就是廣韻的入聲諸韻，國音不用，把廣韻入聲諸韻之字都轉讀為單純元音。

〇聲附加ㄎㄊ之說始見於皇朝通志七音略。其言曰：十二字須對音產法，覺藥陌錫職收鼻音，虎字收聲，對質物月曷點屑收舌齒音，好字收聲，對緝合葉洽收唇音，補字收聲，虎特藏即ㄅ古文也。

清朝以前研究音韻的人，對於這元音的分類，是不去留意的。直到戴震，才把他分為三類：他對於廣韻中的單純元音，（廣韻中沒有複合元音。）說他「如氣之陰，如物之雌，如衣之裏。」對於廣韻附加帶鼻音的元音，說他「如氣之陽，如物之雄，如衣之表。」對於廣韻中附加破裂音的元音，說他「近乎氣之陰，物之雌，衣之裏。」（見答段若膺論韻書中。）於是他的弟子孔廣森著詩聲類，就把單純元音稱為「陰聲」，把附加帶鼻音的元音稱為「陽聲」。章炳麟先生作成均圖，就用孔氏所定的名目。（孔

音字辨微又以平聲為陽仄聲為陰等韻一得又以阿為陽聲厄ㄜ為陰聲鐃伊烏俞為下聲（鐃當作山）補篇又改下聲曰中聲

障二君都把附加破裂音的元音歸入單純元音之中。）我以為這些什麼陰陽的名目，是不應該拿來混用的。無聲僕音和有聲僕音，既有人稱他為陰平陽平；單純元音和附加帶鼻音的元音，又有人稱他為陰聲陽聲；姑無論於陰陽的字義講不通，單就這甲亦一陰陽乙亦一陰陽而論，恐怕已經要令看的人着迷了。我主張直稱為單純元音等等，較為明瞭。

四聲

四聲的性質，是從來沒有人能夠把他說得明白的。像那元和韻譜（又玉篇卷首）裏說的『平聲哀而安，上聲厲而舉，去聲清而遠，入聲直而促。』和那康熙字典卷首裏面說的『平聲平道莫低昂，上聲高呼猛烈強，去聲分明哀遠道，入聲

短促急收藏。」這都是些莫名其妙的話。武斷的說來，大概平上去三聲是一個聲音長短的分別。但這話一定是很久精密的；或者竟是說得很不對，也未可知。

至於入聲和平上去三聲的區別，若就廣韻裏面去研求，證之以現在的廣東音，都可以把他說明白的。原來廣韻裏面的入聲，都是屬於附加帶鼻音諸韻的。那時加帶鼻音諸韻所附加的帶鼻音，有ㄫ（庚）ㄋ（寒）ㄇ（覃）三種。ㄫ是舌根阻的帶鼻音，ㄋ是舌尖阻的帶鼻音，ㄇ是雙唇阻的帶鼻音。讀平上去三聲的時候，聲音很長，自然把帶鼻音讀了出來。讀入聲的時候，聲音很短，僅將舌根和軟顎密接，未曾轉入鼻腔，音就戛然中止，于是ㄫ就變為ㄎ（鐸）；僅將舌尖和上牙牀密接，未曾轉入鼻腔，音就戛然中止，于是ㄎ就

三

變為ㄊ；僅將上下兩唇密接，未曾轉入鼻腔，音就戛然中上，于是ㄇ就變為ㄆ。這ㄎㄊㄆ三音，不過表示氣流被阻的狀態，其實還沒有到破裂的地步。廣韻中的入聲，就是如此。現在廣東音讀入聲，還是如此。

可是現在除了廣東以外，入聲字都不是如此讀的；北部讀入聲諸字，把ㄎㄊㄆ完全消滅了，單讀他前面的元音，所以北音無所謂入聲。中部對於入聲諸字，比北部變遷的更利害。北部僅僅消滅ㄎㄊㄆ而讀他前面的元音；中部則更由單純元音變爲單純元音的促音，比北部又多轉了一個灣。這種單純元音的促音，用羅馬字母拼中國音的入聲都用h去表他，如舒音為a，促音為ah。我們也可以用國音字母的ㄏ去表他。

在周秦古音之中，只有平入二聲的分別。他的入聲，和廣韻一樣，是附有ㄎㄊㄆ的。後來漸々區分，成為四聲。一般人都說四聲始于沈約，其實魏李登的聲類已經分為宮商角徵羽五卷。這宮商角徵羽五個字，就是借來作平平入上去（五音中的羽字，廣韻音「王遇切」，當讀去聲。玉海引徐景安樂書云凡宮為上平商為下平角為入徵為上羽為去）的符號，與音樂上的五音全不相干。（平聲因為字多，所以分為兩卷。後來的切韻廣韻還是如此。）照此看來，漢魏之際已經有了四聲的分別了。

我以為一個聲音，本來可以讀長讀短。未必周秦的音，只有平入二聲，漢魏以後的音，突然增加上去二聲。不過周秦時候对于平上去三聲，不去區別他；一個字的讀音，或長或短，或高或低，可以隨便。惟有入聲，因為尾音和

平聲不同，所以把他分別出來。魏晉以後，韻書日多；齊梁以後，律詩興起；于是把四聲分疆畫界，某字宜平，某字宜上，某字宜去，某字宜入，分別部居，不相離廁了。

這平上去入的讀法，自來沒有一定的標準。陸法言切韻序裡說：「秦隴則去聲為入，梁益則平聲似去。」這所為的入，和所似的去，實在就是陸法言的入聲和去聲罷了。秦隴人也可以說：「陸法言讀入為去。」梁益人也可以說：「陸法言讀去聲似平。」現在全國各處對于四聲，都是平其所平，上其所上，去其所去，入其所入。曾聽見有人說：「北方的上去二聲，和中部的上去二聲適得其反。」這自然是一句很不精確的話，但是北方讀上去二聲和中部不是一樣，這是事實上的確如此的。

韻攝

廣韻中一個元音分為好幾韻的原故：就是(甲)四聲的分別，(乙)等呼的分別，(丙)古今音的分別。宋元以後，有人把廣韻中的韻部歸併起來，凡因這這個原故而分的韻部，都把他合為一類。總成若干類，就稱為若干攝。

講韻攝的書，最古的有宋楊中修的切韻指掌圖。（舊稱司馬光作，非是。）不過這部書已經給元明人搞亂，只能算作一部偽書了。其後有元劉鑑的切韻指南，和四聲等子，（不知作者姓名。）都是講廣韻韻攝的書。明清之際，又有一部字母切韻要法。這書載在康熙字典卷首，是依當時的普通音而定的韻攝，與廣韻韻攝不同。

韻部和韻攝，本來無須區別為二；只因廣韻的韻部，

不拿元音來區分，所以宋元以來，才別有韻攝的歸併。其從如中原音韻，五方元音，他的韻部和韻攝一樣，這就無須別立韻攝了。洪武正韻雖然分別四聲，然除了這一點以外，其餘如「等呼」及「古今音」的分別，他都沒有，也還與韻攝的性質相近。現在的國音韻母，也是依着列韻攝的方法製成的。

反切的方法

中國最古標音的方法，是六書中的「形聲」。這種方法，是把字音和字形合成一物的。後來字音變遷，字形不變，於是形聲字的「聲」之標音的功用，就漸漸的喪失了。於是就改變方法，用同音的字來比方他的音。漢人所常用的「讀若某」，即是此法。這種方法，又稱為「直音」。直音的方法，後來

又漸々行不通了。於是有人就想出用反切標音的方法來。反切起於漢末。到了魏朝的孫炎，著爾雅音義，暢用此法。從此以後，反切就大行了。

反切的原理，和國音字母用聲韻相拼而成音，是一樣的。可是把他切合的方法和國音字母的拼法相較，就大有優劣巧拙之不同了。譬如一個「公」字，新拼法用「ㄍㄨㄥ」，舊反切法用「古紅」。用「古紅」來切「公」字，不是把「古紅」二字連起來急讀，是借「古」字的聲來表「公」字的聲，借「紅」字的韻來表「公」字的韻。「公」字的聲是「ㄍ」，「古」字的聲也是ㄍ；「公」字的韻是「ㄨㄥ」，「紅」字的韻也是「ㄨㄥ」；所以用「古紅」二字來切「公」字的音。照此看來，就是借「古」字的聲，（ㄍ）和「紅」字的韻，（ㄨㄥ）合成一個「ㄍㄨㄥ」音，來切「公」字。這不是和拼音的

原理一樣嗎？但是不將僕音「ㄍ」製一音標，而借「古」字來標「ㄍ」音，於是連「古」字的元音「ㄨ」也附在「公」字的反切之中了。不將元音「ㄨㄥ」製一音標，而借「紅」字來標「ㄨㄥ」音，於是連「紅」字的僕「ㄏ」也附在公字的反切之中了。你想，標「公」字之音，本來只須用僕音「ㄍ」和元音「ㄨㄥ」。用了「古紅」二字作切，便將與「公」字全不相干的元音「ㄨ」和僕音「ㄏ」夾在中間，作成一種障礙物。這不是叫人難懂嗎？況且因為不識「公」字，才去查反切；反切的「古紅」二字，就一定能識嗎？把用漢字切漢字，和製音標切漢字兩種方法比較，自然是前者劣而後者優；把用中間有障礙的反切切音，和用聲母韻母拼音兩種方法比較，自然是前者拙而後者巧。

第三講　現代的標準音——注音字母

注音字母發生的歷史，可以用極簡單的話說明他。

近三十年來，歐美人學中國話的很多，苦于漢字的难識，於是相率用羅馬字母拼切中國語言：有的拼官話，有的拼土白，——如上海白，寧波白，廣東白，廈門白等等，——拼法也不甚一致。自從光緒甲午年中日戰爭以後，國中有識之士，提倡普及教育，開通智識，有感于漢字之难識难寫，不是普及教育的利器，於是有江蘇沈學，直隸王照等許多人，作出種々音標，以期代用漢字。這些音標的形式，有用點畫撇捺鉤的，有借幾個漢字而減少其筆畫的；有借用羅馬字母的……。這許多音標之中，最佔勢力的，是王照的官話字母。他定為五十母，十二韻。這官話字母的形式，就是借漢字而減省其筆畫的那一種。後來勞乃宣拿他來

二七

勞氏著有简字譜錄五種（简字全譜、京音简字述略、增訂合声简字譜、重訂合声简字譜、简字叢錄），見光緒卅四年進呈简字譜錄摺。简字五種版藏上海三馬路蟬隱廬。勞氏又於民六著讀音简字通譜，將注音字母與简字作一對照表，又補正京甯吳閩廣四譜，并定閩音，已刊版。

修正，改定次序，定名简字。王氏原書，是完全以北京方音為主的；勞氏又加添各地方音，作甯音（五十六母十五韻）吳音（六十三母十八韻）閩廣音（八十三母二十韻）諸譜，以便拼切方音。在注音字母未曾製定以前，這勞氏的简字，實在可以算作一種較適用的音標。當戊（寰素）申至辛亥四年之間，推行简字以謀国語統一及教育普及的運動，日盛一日，幾乎有實行之望。

民国成立，教育部為籌議国語統一之進行起見，特於民国二年召集了一個讀音統一会。會員有由各省選派的，有由教育部延聘的。會員的資格為(一)精通音韻，(二)深通小學，(三)通一種或二種以上之外国文字，(四)諳多處方言。那年的二月到五月，開了三個月的會，製定注音字

母三十九個；又於音韻闡微中選了六千五百餘字，審定他的讀音，注上注音字母。這三十九個注音字母，于民國七年十一月，由教育部公布，如下：

聲母二十四——ㄍㄎㄫㄐㄑㄬㄉㄊㄋㄅㄆㄇㄈㄪㄗㄘ
ㄙㄓㄔㄕㄏㄒㄌㄖ

介母三——ㄧㄨㄩ

韻母十二——ㄚㄛㄝㄟㄞㄠㄡㄢㄤㄣㄥㄦ

公布以後，國語研究會嫌他的排列不甚便讀，于是重行排定次序。民国八年四月，教育部將這重排的次序公布，如下：

聲母——ㄅㄆㄇㄈㄪㄉㄊㄋㄌㄍㄎㄫㄏㄐㄑㄬㄒㄓ
ㄔㄕㄖㄗㄘㄙ

二八 韻母——一ㄨㄩㄚㄛㄝㄞㄟㄠㄡㄢㄣㄤㄥㄦ

這重排的次序：是將二十四個聲母，先列加元音「ㄜ」讀的十三母，次列加元音「一」讀的四母，末列加元音「ㄓ」（ㄭ）讀的七母；十五個韻母，先列單純的六母，次列複合的四母，次列附聲的四母，末列一個未能論定為聲為韻的「ㄦ」母。

讀音統一會製韻母的時候，但將音韻闡微之平聲諸韻歸併，製為十五母；未曾注意到入聲諸韻。後來審定入聲質，月，陌，職，（廣韻之質，櫛，沒，陌，麥，德，）諸韻中開口呼的字，竟沒有相當的韻母可用；因為這些字的韻母，現代的普通音讀成發音學字母的ə，十五韻母中無此音之母。其時會員離会員者已甚多，不得已，只好借用「ㄜ」

母来注音。但是「ㄛ」母本為表舊韵的歌韵而設，其音實相當于發音學之O，與∂音實不盡同；如此一注，于是就把「哥」和「革」「我」和「額」「波」和「百」「磨」和「墨」都讀成一音。這是太不合普通習慣的。又「儿」母所注，為「而」「耳」「二」諸字，普通讀這些字的音，實為西文之I而延長其讀音；——其下並無元音——現在聲母之中，沒有表ㄭ音的母，這也是個缺點。（韵母之儿，別是一音。）因此，民国九年五月，由國語統一籌備會召集臨時大會，對於上列之二大缺點，商量補救的辦法，討論結果，決定的辦法，就是注舊質陌諸韻中開口呼的字，加•於ㄛ母之上方中間作ㄜ。儿母亦得用為聲母，其位置在聲母之末。又凡譯日本文ラ行及西文ㄖ母，概用儿。經了這番修正，則用注音字母注國音，

二乙

丨丅ㄛㄜ

就沒有不足之弊了。

　注音字母，合民国二年所公布，和九年所修正的，計有二十八個聲母，十七個韻母，（韻母連那省略不製字母的元音「ㄭ」計算）合共四十五音。這四十五音，除特製之三十九母及特分之ㄜ母以外，其他五音，就一ㄨㄩㄦ四母加上記號，即可表出，如下：

聲母二十八——ㄅㄆㄇㄈㄪㄉㄊㄋㄌㄍㄎㄫㄏㄐㄑㄬㄒㄓㄔㄕㄖㄗㄘㄙㄧ̊ㄨ̊ㄩ̊ㄦ

韻母十七——一ㄨㄩㄚㄛㄜㄝㄞㄟㄠㄡㄢㄣㄤㄥㄦㄭ

再加上二十二（又作二十三有ㄝ）個結合的韻母，共計六十七（八）音。但ㄧ̊ㄨ̊ㄩ̊ㄦ四音，国音可以不用。所以國音在實際上所用的，是二

十五個僕音，和三十八九個元音，合共六十三四音。（一ㄨㄩ三母，本相當於 i u y 三個元音；在国音中，無論單用或與其他韻母結合，總之都是韻母，不是聲母。那個作聲母用的ㄧㄨㄩ，只有譯西文之 j w ɥ 諸母，及日本文ヤ行ワ行之字，才用得着。又注而耳二等字的儿，確是聲母。那列入韻母的儿，只有北京方言，如「雞儿」「盤儿」「一塊儿」「後邊儿」之類，才用得着。）

當讀音統一会開会的時候，勞乃宣氏曾經發表過一篇意見書，主張取全国中最多數和聲韻最簡少之音，并拟定用二十一母，十六韻，陰陽平上去入五聲。後来会中製定国音的結果，幾乎全同勞氏所擬。現在把勞氏的意見書，摘錄要點數條，列在下面：

擇定讀音為国音，當取二義。一，全国中最多數之音；一，母韻聲最簡單之音。從多數則普及易；從簡單，則學習易也。中国語音，其大略以直隸，山東，山西，河南，陝，甘，東三省，及江蘇安徽之北部，為一類；兩湖，四川，廣西，雲，貴，及陝西之南部，江西之北部，為一類；此兩類區域皆廣大。其外如蘇皖贛之南部，浙閩粵東等，皆各分小類，迥非此兩類之比。而此兩大類中，又以直隸等九省餘為尤大，幾占全國之半。是從多數自當推此類也。而母韻聲亦以此類為較少，則從簡單亦當推此類。且今普通所謂「官話」，亦是此類之音，則定國音，自當以此類為本矣。然則即以京音為国音，可乎？曰，首都之音，固足以弁冕全国，然欲期全国

通行，必須與各處語音消息相通，而條理不悖，乃易知而易能。京音限於一城，出京數百里，即有不能相通之處。即如京音之母，基欺希與齎妻西無別，而保定即有別；京音之韻，車遮開口，讀同歌韻，而保定即不同；京音之四聲無入，而廣平即有入聲。極近者如此，稍遠者更不待言。若純用京音，恐于全国推行不免有所隔閡，亦與從多數之旨不符。竊謂宜以京音之母韻聲為本，而再加參酌變通，折中審定，以期與全国語音不觸不背，乃足以當國音之名，而有適用之實。

京音之母，於古母三十六中，用者十九：曰見溪端透泥幫滂明非精清心照穿審影曉來日。其不用者

十七：曰郡定並奉從邪狀禪喻匣，濁賅于清也；曰知徹澄娘敷，無舌上母及輕脣次清也；曰疑微，與影無別也。若純從京音則十九母已足。惟山東畿南等處，多有微母讀輕脣，疑母讀牙音，別乎影喻者。如欲賅括北方諸省多數方音，似宜增入疑微二母，共為二十一母，較為完備。 三一

京音之韻，與字母切韻要法之十二攝迦結岡庚祴高該傀根干鉤歌相同，而多兒音之攝。以韻部配之，祴攝：支微齊魚虞也；迦攝：麻也；歌攝：歌也；該攝：佳也；傀攝：灰也；高攝：蕭肴豪也；鉤攝：尤也；岡攝：江陽也；庚攝：庚青蒸東冬也；干攝：元寒刪先与覃鹽咸也；根攝：真文及元之痕魂與侵也；結攝：麻之車遮也；兒攝：

則在韵部之外，則為一音也。其中祴攝當按開口齊齒合口撮口分為四韵。餘則各用一開口之韵足矣。若江与陽，及蒸与庚青，古分而今已不分；覃鹽咸與元寒刪先，及侵與真文痕魂，閩粵音當分而中原已皆不分，國音如可不加區別也。||

京音之聲有陰平陽平上去而無入。按陰陽平之分，在母之清濁，不專在聲。清母濁母各有四聲，合之當為八聲。今但以平聲分清濁為兩聲，而上去不分，似不一例。然中國諸方之音，能分清濁以入聲者甚少，而平聲清濁，則全国無不分之處。為從多數計，上去之清濁勢不能分，而平聲之清濁則不能不分。今母既不分清濁矣，若聲再不分，此平聲清濁之别將

等韻一得外篇曰北音無入聲有全讀平聲者有分隸三聲者其全讀平聲之處凡清入讀清平濁入讀濁平絕不相溷惟疑泥孃明微來日次濁諸母之入皆讀清平亦猶嘉興之讀作清平也其分隸三聲之處讀平聲之字亦然讀上聲凡清入讀去聲凡濁入讀有濁入讀上聲者必次濁諸母也惟京師於舉類清入有讀濁平者則又一隅之異音也

何所表見乎？至于入聲，北方諸處無之者少，南方則處處有之；以多數論，入聲亦在不可少之列。且北方各處之於入聲，有全讀平聲者，有分寄平上去三聲者；京音入聲之分寄三聲，尤為紛雜，無條理之可循。若定國音不設入聲，其入聲之字將全讀平聲乎？抑分寄三聲乎？其分寄之條理何所循乎？恐於審音之際，將有無所適從之苦，不如直截以入聲讀入聲之為愈也。入聲亦有清濁，而除南方外，能分入聲清濁者甚少；以從多數論，入聲亦當不分清濁。故擬國音，當以陰平陽平上去入五聲為定。

按勞氏主張國音應該用普通所謂「官話」之音為標準。不以北京一隅之音為標準，其說最為合理。現在若把勞

氏所擬的二十一母十六韻和注音字母對照，則國音所定與勞氏不同的地方：在聲母，則勞氏的見溪疑曉四母，國音分為ㄍㄎㄫㄏ與ㄐㄑㄬㄒ八母；勞氏的影母，國音不製母；在韻母，則勞氏的識攝開口呼，國音未製母。其他彼此完全一樣。今讀ㄐㄑㄬㄒ諸音之字，在古為見溪疑曉諸紐與各韻的齊齒撮口兩呼拼合之字；如「ㄐㄧ」雞古讀「ㄍㄧ」，「ㄑㄩ」軀古讀「ㄎㄩ」，「ㄬㄧㄡ」牛古讀「ㄫㄧㄡ」，「ㄒㄩㄣ」熏古讀「ㄏㄩㄣ」，所以古音沒有ㄐㄑㄬㄒ這幾個聲母。後來因為ㄧㄩ是舌前部韻母，和ㄍㄎㄫㄏ舌根阻聲母相合，讀起來覺得不甚便利；于是將聲母亦轉入舌前阻，成為ㄐㄑㄬㄒ一系之音，以期與舌前部韻母之一ㄩ可以適合。事實上既分為舌根和舌前兩阻，則國音字母分成兩系，實較

勞氏之不分者為適宜。舊列在影紐之字，照音理說，都是應讀元音之本音，沒有僕音拼合之字。前人拘泥反切，必用兩字之形式，所以將此等沒有僕音之字也要配上一個聲類，這個聲類，就是影紐。現在改製符號拼音，則影紐當然要消滅的。緘攝的開口呼，即音韻闡微的質，月，陌，職，諸韻中一部分的字；讀音統一會漏製此母，現在已經補正，列為ㄜ母了。

第四講　元明清三代的標準音

這一期的標準音，關于韻的一部分的，可以拿周德清的中原音韻，樂韶鳳等的洪武正韻，字母切韻要法（不知作者姓名），樊騰鳳的五方元音，四部書去代表他。關于紐的一部分的，可以拿蘭廷秀韻略易通中的二十母，樊騰

圓五方元音中的二十母，去代表他。

中原音韻是依據當時曲文用韻的字作成的，絕不遷就舊日的韻部，算得切韻以後一部很有革新和創造精神的韻書，現在把他所分的十九韻和國音韻母不同之點，說明如下：

(甲)國音韻母以廣韻的東冬鍾韻作為庚耕清青及蒸登韻的合口呼，注音為「ㄨㄥ」。周氏於此三類，分為「庚青」和「東鍾」兩韻，大概當時讀東冬鍾的元音，還和庚耕諸韻合口呼不同。但周氏于庚韻合口呼的字如「觥」「橫」，登韻合口呼的字如「肱」「弘」等，也兼收在東冬兩韻中。因此，我又疑那時這三類是已經通用了，不過還沒有完全混合，所以韻分為二而字則兩部兼收。

（乙）周氏「齊微」一韻，中含「一」「乀」兩元音。「一」是單純元音，「乀」是複合元音；而且「一」韻是齊齒呼，「乀」韻是開合呼；併為一韻，頗覺不倫。這大概是把廣韻的分部和當時的讀音混為一談，以致有此謬誤。原來周氏「齊微」韻的字，就是廣韻的支脂之微齊灰六韻的字。廣韻這六韻的等呼，是——

支：齊齒（一），撮口（ㄩ）。脂：齊齒（一），撮口（ㄩ）。之：齊齒（一），沒有撮口。微：齊齒（一），撮口（ㄩ）。齊：齊齒（一），撮口（ㄩ）。灰：合口（ㄨㄟ）。——

因為「一」「ㄩ」兩音就是齊齒撮口兩呼，所以支脂微齊四韻的齊齒呼是「一」，撮口呼就應該讀「ㄩ」（現在蘇州等處方言，有讀「歸」「龜」「鬼」「貴」等字之音為「ㄐㄩ」的，這還是廣韻的舊讀。）決不是讀「ㄨㄟ」。後來聲音變了，支脂微齊四韻的撮口呼，都讀「ㄨㄟ」與灰韻併合。既然併合，

則儘可將支脂之微齊五韻的齊齒呼自成一韻，支脂微齊四韻的撮口呼與灰韻合為一韻。乃周氏作韻時，既從當時的讀音，合支等四韻的撮口呼與灰韻為一，又從廣韻合支等四韻的齊撮兩呼為一，于是成為兼有「一」「ㄩ」兩元音的「齊微」韻了。這實在是周氏謬誤的地方。

（丙）魚与模合為一韻，因為「ㄩ」是撮口，「ㄨ」是合口。周氏書例，凡一個元音的四等，都合為一韻，所以「魚模」不分。

（丁）「寒山」「桓歡」和「先天」分為三韻，不是等呼不同的原故。周氏于別的韻，都是把四等合在一韻，不容此一韻獨異；況且「寒山」韻中有「關」「拴」「灣」「環」這些合口呼的字，更足以証明「桓歡」不是「寒山」的合口呼。我疑「桓歡」的元音，就是現在蘇州人讀「安」字的音。（這蘇州的「安」音，本編暫用「ㄛ」去

表他。）現在蘇州讀周氏「桓歡」韻的字的元音，無一讀「ㄢ」音的；而讀周氏「寒山」韻的字的元音則均作「ㄢ」音。例如「桓歡」韻的「官」「豌」「搬」「潘」，蘇州讀「ㄍㄨㄢ̈」「ㄨㄢ̈」「ㄅㄢ̈」「ㄆㄢ̈」。「寒山」韻合口呼的「關」「灣」「班」「攀」，蘇州讀「ㄍㄨㄢ」「ㄨㄢ」「ㄅㄢ」「ㄆㄢ」。至於「先天」一韻，直到現在的國音，還是和「寒山」韻的元音不同。

(戊)「侵尋」「監咸」「廉纖」三韻，古音都是附加聲母「ㄇ」的元音。大概元朝時候還是如此，所以周氏照舊韻另列。現在除廣東音以外，都與「ㄣ」「ㄢ」「ㄧㄢ」之韻混合為一，國音也是如此。即——「侵尋」合于「真文」，「監咸」合于「寒山」，「廉纖」合于「先天」。

洪武正韻的分韻，是藍本于中原音韻的。拿彼此的韻部相較，便可得其因襲之迹。兩書太不相同之點，就是

中原音韻把廣韻的入聲取消了，併在平上去三聲之中；洪武正韻却仍列入聲。據我看来，兩書都以北音為主，實在講不到入聲。即使退一步說，北方也有幾處能讀入聲的；但是這種入聲，與現在中部讀成單純元音之短促者或有此相像，決不是和廣韻一樣讀成附加帶鼻音的元音之短促者。中原音韻把廣韻的入聲都散歸單純元音和複合元音諸韻的平上去三聲之中，這就是北音讀入聲字同于——或近于——單純元音和複合元音之一鐵証。現在的純粹北音，和普通官音，都是這樣。洪武正韻既藍本于中原音韻，便不必有入聲；即有入聲，也應該和廣韻相反：就是當列入聲于單純元音之下，不列于附加帶鼻音的元音之下。現在看洪武正韻對于入聲的分配，

還是和廣韻一樣。我以為這是因為官書的原故，所以有這種調和新舊的辦法。其實既用中原音韻之新法，便無須再牽涉廣韵之舊法。

洪武正韻的分韻和國音韻母不同之點說明如下：

(甲)「東」「庚」兩韻之分，與中原音韻同。說詳前。

(乙)正韻的寒旱翰三韵，即中原音韻的「桓歡」韻；刪產諫三韻，即「寒山」韻；先銑霰三韻，即「先天」韻。這三韻，正韻全依中原音韻分列。

(丙)真刪先与侵覃鹽之分，與中原音韻同。說詳前。

(丁)蕭爻兩韻，一齊一開，本来無須分別。洪武正韻把他分為二韻，這大概和魚模之一撮一合分為二韵者同例。或者因為字多，或者畧存一點舊韻面目，都未可知；總

之是無聞宏恉的。

（戊）正韻的入聲十韻之分配，均和廣韻一樣。若照中原音韻，則均當改配。在單純元音和複合元音諸韻之下，即——屋，應配魚模及尤；質，應配支齊（有一部分字應配魚模。）曷，應配歌；轄，應配麻；屑，應配遮；藥，應配歌及蕭爻；陌，應配齊及皆；緝，應配齊；合，應配歌及麻；葉，應配遮。——若如此配法，則不但与中原音韵相合，即与現在國音比較，也大致相同。這才合于此音的真面目。

字母切韻要法這部書，刻在康熙字典卷首。勞乃宣的等韻一得裏說他是明正德以後，清康熙以前的人所作。他這書分元音為十二攝，全是據當時的音，所以与中

國音沿革
原音韵洪武正韵兩書又有不同之處，和国音韻母完全一樣。（除儿母）如庚東併為一攝；寒刪先不分為三；真寒刪先与侵覃鹽合而不分；都與中原音韻洪武正韵不同。這大概是明朝中葉以来變遷的音，直到現在的普通音還是這樣。所以國音韻母和他完全相同。其中惟有把ㄜㄧㄨㄩ四個元音合為一個絨攝，似乎与國音畧有不同，其實還是一樣。論這三個元音的發音，確乎各自独立，不當併為一讀。但是中國音韵上的習慣，是把ㄜㄧㄨㄩ四個元音的轉變，作為開齊合撮四呼十二攝中，于他攝的四呼，都合為一圖；所以就把這ㄜㄧㄨㄩ四韵合為一圖了。

五方元音這部書，向来的文人學士們更看他不起，

比到洪武正韻，更無人去過問他了。但是這部書在北部的勢力很大，幾乎學究的書案上，和商家的帳桌上，都有這部書。論這部書的分韻，雖然不及字母切韻要法的精，但是樊氏生在清康熙「稽古右文」的時候，他居然能夠純用方音，不究古義，（這是四庫提要批評他的話。）作成這部五方元音，總是不肯為隨流俗的人了。

五方元音與字母切韻要法不同之點，就是他把「一」「ㄩ」「ㄟ」三個元音合為一個「地」韻。他合「一」「ㄟ」為一，大概是沿中原音韻之誤。合「一」「ㄩ」為一，當是與字母切韻要法把ㄜㄨㄩ合為一攝同一分配。然「ㄨ」又別為「虎」韻，則又不知何故。「ㄜ」韻之字，則併于「駝」韻，這正與國音字母未曾修正以前，把ɔə合為「ㄜ」韻同一不合。大概北部的人讀o音

時，音有由舌後部移入舌尖部之勢，所以容易和日相混。但這個實在是北部的方音，不能通行于全國的。

中原音韻和洪武正韻兩部書，对于韻部，雖然大加革新；可是每韵中所列的「音紐」，還是「因仍前紀，無胸中之造」。到了明英宗正統年間，蘭廷秀作韻略易通，才删併舊字母三十六為二十。（蘭氏定韻部，也是二十，比中原音韻僅多一部，就是分乂凵為二韻。）他把所定的二十母作成一首詩，就是「東風破早梅，向暖一枝開，冰雪無人見，春從天上來。」我把他這二十母和樊騰鳳五方元音的二十母「梆匏木風斗土鳥雷竹虫石日剪鵲系雲金橋火蛙」比較，竟是完全一樣的。現在就把兩家的音紐和國音聲母不同之点，說明如下：

(甲)國音列ㄍㄎㄏ和ㄐㄑㄒ為二類，蘭樊兩氏均不分，古音原是如此。大概蘭樊兩氏的時候這二類還沒有分析，也未可知。

(乙)國音的兀广兩聲母，都是守溫的疑母。現在有好些地方讀疑母字，將聲母消滅，單讀其下之韻母：如昂（兀ㄤ）讀為「ㄤ」，疑（广一）讀為「一」。這種讀法，已經漸漸成為普通音，所以國音聲母中雖列兀广兩母，可是舊疑母字，現在用兀广兩母注音的僅佔少數；反是注純粹韻母的較多：如吳（兀ㄨ）注為「ㄨ」，頑（兀ㄨㄢ）注為（ㄨㄢ）。大概明末清初已經是如此，讀所以蘭樊兩氏都沒有兀广兩音的字母。

(丙)蘭氏的「一」「無」兩母，樊氏的「雲」「蛙」兩母，都相當於守

溫的影母。這影母所掌管的，都是些純粹用元音的字，本無聲母可言。蘭樊兩氏也和守溫一樣，拘泥反切的形式，所以列「一」「無」「雲」「蛙」這些聲母。在國音中，就單注韵母或結合的韵母了。（影母又分為二者，因為分別洪音細音的原故。——蘭氏之「一」母，樊氏之「雲」母，為元音齊撮兩呼之字；（細）蘭氏之「無」母，樊氏之「蛙」母，為元音開合兩呼之字。（洪）

（丁）國音之「万」母，蘭樊兩氏都不列。此母為舊微母而設；微母讀法，早已變遷，由脣齒阻的帶鼻音變入純粹用韻母「ㄨ」及「ㄨ」與其他韻母結合的韵母之中了。所以國音除微薇溦尾梶娓亹浘未味菋沬霖𥻆十四個字注「万」以外，其他微母諸字，也沒有用「万」注音的。大概蘭樊兩氏的時候，音已變遷，所以沒有表微母的字母。（國音聲母

之「万」讀音亦與古不同。

第五講　魏晉到唐宋時代的標準音

這一講是說明魏晉到唐宋時代的標準音。現在把他分作聲類韻部和韻攝三部分來講。

聲類

漢魏之際，反切初作。反切的上一字，是表所切字的僕音，必須用與所切字同聲的字。當時對于這種同聲的字，稱為「雙聲」。晉宋時候，愛談雙聲的人很多，製造反切的人也一天多似一天。可是他們但知道拿所切字的雙声字來作反切的上一字，不知道把這許多反切的上一字歸併起來，總為若干聲類。不必說別人，就是李登呂靜陸法言這些音韻大家，也只知道把許多疊韻的字歸併起

來，分為若干韻部；而每韻之中所列的聲類，還是亂七八糟，毫無次序的。這就可見當時講音韻的人，對于聲類完全未曾注意。

到了唐朝末年，有一個和尚，名守溫，他把許多反切的上一字歸併為三十六類，作三十六字母圖一卷。這是中國第一部講聲類的書。

這三十六個字母，前人又總括之為七音。七音又分為十類。即見溪群疑是牙音，端透定泥舌頭音，知徹澄娘舌上音，幫滂並明重脣音，非敷奉微輕脣音，精清從心邪齒頭，照穿牀審禪正齒，曉匣影喻是喉音，來日半舌半齒音。

這時代的音紐，和元明以來到現代大不相同之點，

自鄭樵以來學者皆稱三十六字母得之西域僧，自神珙神珙為北魏時沙門，惟戴東原據神珙所作反紐圖序有云「唐又有陽甯公南陽釋處忠撰元和韻譜」斷定神珙為唐憲宗元和以後人，又據反紐圖中無字母，祇五音聲論中列字，字又不名字母，斷定三十六字母非神珙所傳。又據玉篇有三十六

字母圖一卷題僧守溫撰呂介孺云「大唐舍利捌字母三十後溫守座益以娘牀邦滂微奉六母」等語推定三十六字母為唐末守溫所定說詳聲韻考

就是在這時代，那音紐的破裂音和摩擦音，四聲都有「有聲僕音」。因為四聲都有「有聲僕音」，所以「有聲僕音」也列為一個音紐。元明以來聲音漸變，惟平聲有「有聲僕音」；于是就把這「有聲僕音」的音紐取消了，併入「無聲僕音」之內，稱為「陽平」。這是兩時代的音紐大不相同之點。

無聲僕音，舊稱清音；有聲僕音，舊稱濁音。三十六字母，那幾個是無声僕音，那幾個是有聲僕音，呢？清李光地等韻辨疑中說：「見，清聲。溪，清聲。羣，北方為溪濁聲，南方為見濁聲。疑，濁聲。端，清聲。透，清聲。定，北方為透濁聲，南方為端濁聲。泥，濁聲。知，清聲。徹，清聲。澄，北方為徹濁聲，南方為知濁聲。娘，濁聲。精，清聲。清，清聲。從，北方為清濁聲，南方為精濁聲。心，清聲。邪，心濁聲。照，清聲。穿，清聲。牀，北方為穿

濁聲，南方為照濁聲。審，清聲。禪，審濁聲。邦，清聲。滂，清聲。並，北方為滂濁聲，南方為邦濁聲。明，濁聲。非，清聲。敷，清聲。奉，非濁聲。微，敷濁聲。曉，清聲。匣，曉濁聲。影，清聲。喻，影濁聲。來，濁聲。日，濁聲。以按李氏所配，于奉微兩紐，略有錯誤。說詳下文。

守溫三十六字母，雖為研究唐宋時代音紐之重要參考書，但是和他以前的切韻中之音紐尚不相合。切韻中之音紐，陳澧切韻考據韻中之反切考証，定為四十紐。較守溫字母多五紐，少一紐。即守溫之照穿牀審四紐，切韻各分二紐，共有八紐；守溫之喻紐，切韻分為二紐；守溫之明微二紐，切韻合為一紐。吾友張煊君对于陳氏所考，覺得尚未盡合。因此，復据廣韻中之反切，詳細考覈，始和切

韵中本無「輕唇」与「舌上」之音。所以不但明微兩紐未分，微紐本讀明紐，即非敷奉之紐；切韵亦尚讀邦滂並；知徹澄娘四紐，切韵亦尚讀端透定泥。据此則切韻中只有三十三紐。

到了宋人重修廣韻的時候，对于切韵之三十三紐，於端透定泥之中，分出一部分之字，為知徹澄娘。於邦滂並明之中，分出一部分之字，為非敷奉微。而喻与于，照穿神審與莊初牀山，却仍舊分列；与守溫之有歸併者不同。所以廣韻之中，實有四十一紐。

切韵中有三十三紐，守溫改為三十六字母。現在看起来，似乎一是隋時之古音，一是晚唐之变音。唯晚唐既已变古，併合照穿神審与莊初牀山，併合喻與于；而宋初

匣音[illegible]
之廣韻，此數紐仍依切韻分列，頗不可解。或是守温誤合，或是廣韻沿襲切韻舊文而不合併，或是晚唐合併而宋初復又分析，皆無從斷定；只可認為這三個時代音紐各有不同。即隋世三十三紐，晚唐三十六紐，宋初四十一紐，是也。

三十三紐与三十六紐，都包括在四十一紐之中。現在把這四十一紐和国音聲母不同之點說明如下：

（甲）這時代有「有聲僕音」的音紐，上文已經說過了。可是這類有聲僕音，在破裂音中，都是一紐兩讀，一讀出聲之音，一讀送氣之音。大概南音讀出声音，北音讀送氣音。所以近人劳乃宣氏和章炳麟先生对於這兩個無声僕音和一個有聲音之相配，都主李光地之說。劳氏說：「古

母以戛類之清為純清，透類之清為次清；而濁則無純次之別，以一濁母對兩清母。見溪與羣，端透與定，知徹與澄，照穿與牀，精清與從，邦滂與並，皆是也。以今方音考之，北方於此數濁母平聲皆讀從透類，上去入則讀從戛類。如羣讀透，郡讀戛，牀讀透，狀讀戛之類。南方則平上去入全讀戛類。如羣郡牀狀皆讀戛之類。而有數處，如江蘇之泰州如皋等處，及江西皖南數郡邑，則平上去入全讀透類。如羣郡牀狀皆讀透之類。是此數濁母，既可讀戛，又可讀透，也。故古母以一濁對兩清。章氏說：「自來言字母者，皆以羣為溪之濁，定為透之濁，而見端無濁音。近觀梵文，五字為行，二清二濁一為收聲；而中土獨二清一濁一收，何以不相比類？蓋羣定等字，揚氣呼之為溪透之濁；抑氣呼

之，為見端之濁。今北音多揚，南音多抑。又北音平去亦有抑揚之異：如呼羣皆揚如溪之濁，呼郡則抑氣如見矣；呼亭皆揚如透之濁，呼定則抑氣如端矣。同此一母，而平去異貫；則知曩日作字母者，本以羣承見溪，定承端透，非謂羣專為溪之濁，定專為透之濁。」江永和陳澧都把羣定諸紐專承溪透諸紐，以為見端諸紐沒有「有聲僕音」，其說偏主北音，實不及李勞章諸氏之閎通。所以本編不取江陳之說。

（乙）非敷奉微四紐，和國音的ㄈ、万兩聲母，雖同在脣齒阻，而實非一音。因為非敷奉是破裂音，微是帶鼻音，而ㄈ万則是摩擦音。不過舊在破裂音非敷奉三紐的字，現在都轉入摩擦音ㄈ母之中。（帶鼻音之微紐字，除微尾

末等一音之外，国音都不到入摩擦音之万母。）而非敷奉與ㄈ雖不同音，究竟都屬脣齒阻，所以粗略的講，也可勉强説ㄈ母即古之非敷奉三紐。若要審正音呼，那就不能如此説了。

（丙）舌上阻的發音。係用舌尖的背面翻抵硬顎而成。論發音時，舌的狀態，實和舌葉阻之用舌葉与硬顎前部相摩擦者不同。但是用耳朵来聽，則舌上阻的知徹澄[illegible]三紐，和舌葉阻的照穿神三紐，（ㄓㄔ）覺得驟難分別。因此，元明以来就把知徹澄的字併入照穿神了。娘紐因為讀舌上音很不方便，於是或從古音讀入泥紐，（ㄋ）或轉為舌前阻之帶鼻音。（ㄬ）這樣一轉變，所以現在普通音中，就沒有舌上阻的音了。

(丁)讀莊初牀山的字，當用舌尖与齒背相摩擦。讀精清從心邪的字，當用舌尖与齒尖相摩擦。但這兩類的音，用耳朵來聽，更覺难以分析。所以莊初牀山的字，現在有一小部分併入精清從心之中。又莊初牀山用舌尖与齒背相摩擦，照穿神審禪則用舌葉与硬顎前部相摩擦。這兩類的發音雖不相同，然發莊初牀山之音時，若舌尖微縮，又向上微升，就很容易轉為照穿神審之音。所以莊初牀山的字，在守溫的時候，就和照穿神審併合。現在也有一大部分的字，併入照穿神審之中。因為齒背阻的音，容易和舌葉阻及齒尖阻相混，就被那兩阻瓜分了去，所以宋元以來就把這阻的音紐取消了。

(戊)影紐所領的字，都是單用元音的字，本無僕音可

言。舊與喻紐配成一清一濁，實在是很不對的。（詳第三講中）

(己)廣韻的喻于兩紐，守溫合為一喻紐。大約是因為要和影紐配成一清一濁，所以有此併合。其實喻為舌前阻的摩擦音，其音為j；于為舌前兼雙唇阻的摩擦音，其音為ㄩ；不應該併為一紐。又喻于是舌前阻，而列於喉音，也不可通。大約也是因為要和影紐配成清濁的原故。影紐是元音，元音從喉中外達，不受阻厄，只可勉強列入喉音；因為影紐列入喉音，遂將喻紐也列入喉音了。這都是古人的牽強配合，現在應該改正的。

(庚)國音的ㄐㄑㄬㄒ四母，所領之字，在舊紐中為見溪羣疑曉匣六紐中一部分的字。所以守溫和廣韻都沒

有ㄐㄑㄬㄒ的紐。（參考第三講）

（辛）國音的ㄏ母，和ㄍㄎㄫ同在舌根阻；守溫把見溪疑列入牙音，曉匣列入喉音，則隋唐時代二者不同阻。發音學字母，舌根阻的摩擦音為x，聲門阻的摩擦音為h，兩音驟聽，似乎一樣；實則所阻之部位並不相同。守溫列曉匣于喉音，是則相當于聲門阻之h；與國音的相當於舌根阻之x者不同。

韻部

聲類韻集這些書，早已亡佚了。所以魏晉時代的韻部，共有若干，和怎樣的分法，現在是無從知道的。這裏所講的，就是隋唐宋時代的標準韻部。

宋朝的廣韻，是根據隋朝的切韻，唐朝的唐韻，編定

的。廣韻中平聲五十七韻，上聲五十五韻，去聲六十韻，入聲三十四韻，合共二百○六韻。這就是隋唐宋時代的標準韻部。

平聲有五十七韻，何以上聲只有五十五韻呢？因為冬韻的上聲，只有湩䳺䑵三字，附在鍾韻上聲的腫韻裏；臻韻的上聲，只有𧤛亲齓三字，附在殷韻上聲的隱韻裏；所以少了兩韻。其實還是五十七韻。去聲比平聲少了一韻，多了四韻。臻韻沒有去聲的字，這是少了的一韻；祭泰夬廢四韻只有去聲的字，這是多了的四韻；所以去聲共有六十韻。若把平上去合併計算，則為六十一韻。

這六十一韻之中，單純元音凡二十六韻，（廣韻中除齊合撮三呼以外，沒有複合元音。說詳下。）附聲的元

音凡三十五韻。廣韻的入聲，都是附聲的元音之短促者，——把所附的聲，由帶鼻音的ㄫㄋㄇ，變為破裂音的ㄎㄊㄆ，——所以都屬于附聲的元音之下。附聲的元音有三十五韻，何以入聲只有三十四韻呢？因為痕很恨韻的入聲，只有麧紇齕紇淈五字，附在魂混慁韻的入聲沒韻裏，所以少了一韻。

廣韻和國音韻母不同之點說明如下：

(甲)國音韻母中四個複合元音，在廣韻時都是單純元音。——ㄞ本讀æ，ㄟ本讀e，ㄠ本讀ɔ，又本讀ɯ，——後來漸漸轉變，成為æi ei ɑu əu複合元音。這種轉變，大概起于近代。我疑心中原音韻和洪武正韻裏，對于這四個元音，還是讀單純元音，現代方言之中，讀咍泰諸

韵為ai，灰韵為ei，豪肴諸韵為au，侯尤諸韵為ou的，還是很多。

(乙)江陽唐三韵之字國音都注ㄤ韻母。但讀法也有不同：國音之ㄤ讀ɑŋ，廣韻之江陽唐諸韻讀ɔŋ音。因為江陽和蕭肴豪諸韵相轉，所以知道本讀ɔŋ音。現代方音中讀江陽唐之字為ɔŋ音的，還是很多。

(丙)國音之ㄝ，除注入聲屑怗諸韵外，麻馬禡韻之齊齒呼，亦讀此音。這是元明以來的變遷，所以從中原音韻起才有「車遮」一韻。廣韵集韵把車遮耶些斜等字，都列在麻韵的齊齒呼中。那麼便可知道唐宋時候這些字是讀「ㄚ」音的。

(丁)廣韵侵覃以下九韵，都是附加鼻音ㄇ的元音。

到中原音韻和洪武正韻，還是和附加鼻音了的真寒各韵分別的。併合為一，當在明朝中葉。到了現代，除廣東外，大概沒有不併合的了。（參考第四講）

（戊）廣韻把一個元音分成好幾韵的，除了有平仄和等呼的分別以外，還有許多韻部，彼此讀法完全相同。這分為數韵的原故，章炳麟先生音理論中有幾句話說的很為簡明。其言曰：「廣韵所包，兼有古今方國之音，非並時同地得有聲勢（即元音）二百六種也。」其下有自注云：「且如東冬，于古有別，故廣韻兩分之，在當時故無異讀。是以李涪刊誤以為不須區別也。支脂之三韻，惟之韻無合口音；而支脂開合相間，必分為二者，亦以古韻不同，非必唐音有異也。若夫東鍾陽唐清青之辨，蓋由方國

殊音：甲方作甲音者，乙方則作乙音；乙方作甲音者，甲方或又作乙音；本無定分，故殊之以存方語耳。〕這句話說得很有道理。至于那些韵是古今之殊，那些韻是方國之異，這是要專門去研究，才能考定，不是可以隨意武斷的了。

切韻經許敬宗賈昌朝的規定某韵与某韵通用，劉淵和陰時夫的併合韵部，遂把二百○六韵併成一百○六韻。這種併合法，全是鹵莽滅裂，不合音理的：如魚虞同為ㄩ韵，不併合；虞為ㄩ，模為ㄨ，倒併合起來，又如元不与先仙併合，而与魂痕併合；灰咍元音不同而併合。……這都是他們無知妄作的証據。

韻攝

四、

講韻攝的書，除切韻指掌圖外，就要算元朝劉鑑的切韻指南。他把廣韻中元音相同的韻部，歸併為通江止遇蟹臻山效果假宕梗曾流深咸十六攝。這十六攝，雖可拿來參考廣韻中的元音，其實不能十分密合。說明如下：

（甲）劉氏把江與陽唐分為二攝，這是他考古之疏。廣韻江韻的字，在周秦時候，本是東韻中一部分的字。後來這一部分的字音，由ㄨㄥ轉為ㄛㄥ，讀成陽唐韻之音；廣韻為區分古今音計，所以別立江韻，並非江與陽唐有異讀也。劉氏大概是因為唐宋時候江與陽唐不通韻，遂疑音讀不同；其實唐宋時候的通用與否，在音理上是毫無理由可說的，不足為據。晚周有韻之文，已有拿東韻字和唐韻字通押的；可以証明江韻實是東韻變為陽唐之一

指掌圖已參考了江与陽唐不分

周頌烈文邦崇功皇韻

韵，其元音和陽唐相同，不當如劉氏分為江宕兩攝。

（乙）劉氏把佳皆咍与灰合為一個蟹攝，這更是他的大錯。大約他因為唐宋時候咍灰兩韵通用，故有此誤。

（丙）劉氏把元先仙与寒桓刪山合為一個山攝，也有此不對。這七韵，直到中原音韻和洪武正韻，還是把他分為兩韵。現代的普通音，還是把元先仙讀 iɛn，yɛn，寒桓刪山讀 an，uan。更考之周秦古音，寒桓與先也分為兩韻，並不通押。這都可以証明廣韵中這七韻不是一個元音，不當合為一攝。鹽添嚴凡与覃談咸銜八韵，劉氏合為一個咸攝，這也是應該分為二攝的。其理由與此相同。

（丁）魚虞与模，雖韵中之字古合為一；而就等呼才而說，又以模為合口，魚虞為撮口。然韵攝本為審音，與考古

[illegible]

無涉；四等之配合，只是一種習慣，不能和音理牵合為一。所以若專講元音，則劉氏的遇攝實當分為二攝。

我現在假定廣韻的元音為十九攝。其中單純元音九攝，附聲的元音十攝。每攝都取廣韻平聲韻目對照；祭泰夬廢四個去聲韻，沒有平上，所以也把他列入附聲的元音之下，并將入聲各韵附入对照。（若因附聲的元音之中，平上去三聲附帶鼻音，入聲附破裂音，要把他分別；那麼，入聲也可別列十攝，為二十九攝。）茲列如下；

單純元音

(一) ɯ 尤侯幽

(二) u 模

(三) o 歌戈

附聲的元音

附元

(十) ɯㄫ 東冬鍾（屋沃燭）

(十一) ɔㄫ 江陽唐（覺藥鐸）

(十二) eㄫ 庚耕清青蒸（陌麥昔錫職）

(四)	ə	蕭宵肴豪	(十三)	əŋ	登（德）
(五)	a	麻	(十四)	en	真諄臻文殷魂痕（質術櫛物迄沒）
(六)	i	支脂之微齊廢	(十五)	æn	寒桓刪山（曷末黠鎋）
(七)	y	魚虞	(十六)	iɛn	元先仙（月屑薛）
(八)	e	灰	(十七)	im	侵（緝）
(九)	æ	佳皆咍泰夬	(十八)	æm	覃談咸銜（合盍洽狎）
			(十九)	iɛm	鹽添嚴凡（葉帖業乏）

（十四）至（十六）附ㄋ；（十七）至（十九）附ㄇ

第六講　周朝的標準音

周朝以雅言為標準音，這是第一講裏曾經說過的。當時書寫的器具很不便利，這種雅言，但由大家口耳傳習，沒有把他筆之於書。因為這個原故，所以到了時移世易，言語異聲之後，那周朝的字音，就漸漸的消滅，沒有人

知道了。

但是某字在周時讀為某音，和後世的讀音或異或同，這個固然不易考求；至于「古今字音有異」這句籠統話，漢唐的人還是能夠說的。

不料到了宋朝，竟有一班人，以為古今的字音毫無變遷；于是遇到古人韵文中用韵的字，拿後世的音讀起來，覺得不諧的，就硬說他是「叶韵」。叶韻的意思，就是說某字的古音，也和後世一樣，讀成甲韻之音；不過在這句詩裏，因為上下文都押乙韵之字，所以這個字也改讀乙韻之音，以求与上下文相諧。這就叫做「叶韻」。這個叶韻的謬說，有人說始于吳棫，有人說始于朱熹。吳棫有毛詩補音及韻補二書。現在存留的，只有韵補。韵補却是第一部

研求古音的書，與叶韵的謬說恰相反對。因此，就有人疑心這叶韻的謬說，或者在毛詩補音之中。因為毛詩補音的音，為朱熹的詩集傳所采用；詩集傳中到處都看見「叶音某」「叶某某切」這些話，所以人家就疑心毛詩補音中間有叶韵的謬說。據我看來，吳棫的韵補能夠研求古音，未必毛詩補音忽然會有叶韵的謬說；或者是朱熹用了吳棫所考的古音，而自己加上一個叶字，也未可知。錢大昕跋吳棫的韻補，其中有一句話道：「朱文公詩集傳，間取才老之補音，而加以叶字；才老書初不云叶也。」這句話，我以為說得很有道理。詩集傳中所云叶韵，可笑之處甚多。試舉二例：(一)召南行露：「誰謂雀無角？何以穿我屋？誰謂女無家？「叶音谷」何以速我獄？雖速我獄，室家不足。」「誰

匡音沿革　王一

謂鼠無牙？「叶五紅反」何以穿我墉？誰謂女無家？「叶各空切」何以速我訟？雖速我訟，亦不女從。」(二)「召南騶虞」：「彼茁者葭！壹發五豝！于嗟乎騶虞！「叶音牙」」「彼茁者蓬！壹發五豵！于嗟乎騶虞！「叶五紅反」」兩個家家字同在一首詩裏，一個讀kɯk，一個讀kɯŋ；兩個虞字同在一首詩裏，一個讀ŋa，一個讀ŋɯŋ；這是甚麼話？字音可以如此亂讀，何必有定音？作詩何必要押韻？從古以來，凡是稱的上韻文的，從沒有這種搗亂的辦法。自從這種謬說流行以後，元明時候的人都信以為真，于是連「古今字音有異」這句籠統話，都沒有人能說了。

明朝中葉以後，有焦竑陳第諸人，子細考求詩經楚辭諸書押韻之字，才恍然明白字音有古今的不同，古詩

中間，決沒有甚麼「叶韻」可言。焦氏在他所著的筆乘一書中，有一段文章，痛駁叶韻之謬說。陳第著毛詩古音考和屈宋古音義，旁徵博引，考明詩騷等書中間許多用韻的字的古音。這麼一來，就把古今音異這件事重新講明白了。

從明末到現在，三百年間，講求周朝古音的人很多。他們的著作、所考明的話，都是信而有徵，不同嚮壁虛造。所以我們現在对于周朝的古音，居然能夠假定若干細，若干韻；並且某某等字在某紐中，某某等字某韻中，也能把他排列起来，分別部居，不相雜厠了。

周音的紐韻，到了章炳麟先生的時候，大致都已考証明白了。據章君所假定的，是二十一紐，二十三韻。章君

仍借守温字母，和廣韻的韻目，來作周音的標目。載在國故論衡上卷小學略說之末。茲將其原文照錄于下：

紐目表

喉音、牙音	舌音	齒音	脣音
見　曉	端 知	照 精	幫 非
溪　匣	透 徹	穿 清	滂 敷
羣　影 喻	定 澄	牀 從	並 奉
疑	泥 娘 日	審 心	明 微
	來	禪 邪	

右紐目。其旁注者，古音所無。

韻目表

陽声	陰声
寒	歌、泰
諄	隊、脂
真	至
青	支
陽	魚
東	侯
侵、冬、緝	幽
蒸	之
談、盍	宵

右韻目。上列陽声，下列陰声，為對轉。其數部同居者，同一對轉。

按章君所定的周音紐目，沒有知徹澄和非敷奉微七紐，這是錢大昕所考明的。沒有娘日二紐，這是章君所考明的。沒有喻紐，也是章君所考定的。章君的意思，以為

國音有tʂ tʂ' dʐ ʂ ʐ，没有tʃ tʃ' dʒ ʃ ʒ。但是他的紐目表中，却有照穿牀審禪，而無精清從心邪，這是什麽原故呢？原来章君依江浙方音讀照穿牀審禪，以為他與精清從心邪都是tʂ tʂ' dʐ ʂ ʐ之音；而照五紐為開合，精五紐為齊撮。這是由于章君誤讀照五紐之音的原故。至於見四紐稱為喉音，曉四紐稱為牙音，乃沿宋晁公武之誤。

章君韵目表中，所謂「陰聲」就是單純元音；所謂「陽聲」，就是附聲的元音。單純元音加鼻音，即成附聲的元音；附聲的元音去鼻音，即成單純元音；所以二者常相通轉。這類的通轉，叫作「對轉」。對轉之說，發自江永。戴震孔廣森及章君深信此說。因此他們都拿單純元音和附聲的元音来配對。他們三人所配的，不盡相同；依我看来，似乎章君

所配的還不盡密合。因為「對轉」之韻，彼此的元音一定是相同的。章君表中，如魚与陽對轉，幽与冬侵緝對轉之類，彼此的元音都不相同。所以我說章君所配的，還不盡密合。他又說：「其數部同居者，同一對轉。」這句話，也有些說不過去。因為既分數部，必有非同一元音。元音不同的數韻，如何能同對轉一韻呢？至所云「同居」，乃是章君把他排列成為同居，不是這數韻的自身有同居的証據。

周音入聲之字，應該屬于「陽聲」之下；而且有一陽聲，即須有一入聲，方與音理符合。章君韻目表中之泰隊至緝盇五韻，他定為去入韻。（見國故論衡上卷二十三部音準）他所謂去入韻者，實即入聲韻。章君照現在中部的音讀入聲韻，認入聲為單純元音之短促者，所以有去

入韵之說；並且把泰隊至三個去入韵列在陰聲之中。但緝盍兩個去入韻，何以又列在陽聲之中呢？這是章君聽廣東人讀緝盍韻，於元音之後附有p音，誤以為是m，和侵談相同；于是就認緝盍為侵談之促音，于是就把緝盍兩韵認為陽聲之去入韵了。同是去入韵，三個歸在陰聲之內，兩個歸在陽聲之內，這是可以斷定他有錯誤的。況且即在廣東音，讀緝盍韵的字，元音之後所附的聲，確乎是p，不是m；那麼，章君讀緝盍韵的根據早已不能成立了。這也是章君表中不合之一點。又周音的入聲，還不止這五韻。（詳下節）以上都是就章君表中分配之未當者言之。若論章君所假定周音之紐韻，則實集三百年來古音考証之大成。

我的朋友黃侃君，亦受業于章君。平日對于廣韵，研究很深。他說：廣韻二百六韻中，有東董送屋冬宋沃模姥暮齊薺霽灰賄隊咍海代魂混慁沒痕很恨寒旱翰曷桓緩換末先銑霰屑蕭篠嘯豪晧號歌哿箇戈果過唐蕩宕鐸青迥徑錫登等嶝德侯厚候覃感勘合添忝㮇怗之七十三韻，和別韵不同；就是這七十三韻中，只有見溪疑曉匣影端透定泥來精清從心邦滂並明之十九紐。（偶然雜出一二個別紐的字，考證起來，都是唐宋人加入的，非切韵所固有。）將這十九紐和章君的二十一紐相較，少了群禪（實是邪）兩紐。這兩紐是有聲僕音，本由見溪与心三個無聲僕音所轉變；周時無此二紐，本不足怪。周音於四聲但有平入，沒有上去。將上列之七十三韵，除開

上去兩聲，尚有三十二韵；又開合當併為一韻，故䰟与痕，寒与桓，曷与末，歌与戈，應該合併；如是則三十二韻可併為二十八韵。將這二十八韻，和章君的二十三韵相較，除多了五韵以外，其他二十三韵完全相同，不過標目用字不同罷了。現在把這二十八韻的韵目，和章君所用的韵目，列為對照表如下：

模——魚
齊——支
灰——脂
咍——之
蕭——幽
豪——宵
歌戈——歌
侯——侯
東——東
冬——冬
唐——陽
青——青
登——蒸
䰟痕——諄
寒桓——寒
先——真
覃——侵
添——談
沒——隊
曷末——泰
屑——至
合——緝
帖——盍

所多的，就是屋，沃，鐸，錫，德，五個入聲韵。入聲本屬于陽聲；陽聲有東，冬，唐，青，登，䰟，痕，寒，桓，先，覃，添，十韻，則入聲本該有屋，沃，鐸，錫，德，沒，曷，末，屑，合，帖，十韻。章君表中有隊，泰，至，

緝，合，五個去入韻，相當于没，曷，末，屑，合，帖，五個入聲韻；還缺屋，沃，鐸，錫，德，五個入聲韻。若一一補入，便和這二十八韻完全一樣。所以黃氏斷定周音當有十九組，二十八韻。而這十九組二十八韻，即包括在廣韻二百〇六韻之中。

「對轉」這件事，在周音中確乎是有的。但是應該怎樣配對，才能密合，現在還是不能斷定。因為(一)必須彼此兩韵的元音相同，(二)必須兩韻在古書上有許多通轉的証據，才能說定他是「對轉」。現在姑且參酌戴孔章三家所配的「對轉」假設一個对轉表，列在下面：

單純元音	侯(ㄊㄨ)	
附加帶鼻音的元音	東(ㄊㄨㄫ)	冬
附加破裂音的元音	屋(ㄊㄨㄍ)	沃

				灰(e)(ue)	咍(æ)	齊(i)	蕭	豪(ə)	歌戈(o)(uo)	模(ɑ)
添(iɛm)	覃(æm)	先(iɛn)	寒桓(æn)(uæn)	痕魂(en)(uen)	登(æŋ)	青(iŋ)		唐(əŋ)		
怗(iɛp)	合(æp)	屑(iɛt)	曷末(æt)(uæt)	沒(et)(uet)	德(æk)	錫(ik)		鐸(ək)		

這個假設的表，一定是很不對的；不過附記在這裡，或者

可以作個改正的草稿罷了。

三百年來考証的周音，截到現在為止，得到的結果，就是這十九紐和二十八韵。所根據的，以詩經為主，大概可以假定這是「雅言」之音。可是春秋以後的韻文，如易經的彖象文言，屈原宋玉的辭賦，直到秦李斯所作的韵文，他們的用韵，都比詩經稍寬。這是漸漸有變遷了。兩漢更大變特變，和詩騷等書的用韵大不相同。不過這晚周秦兩漢的韵文，還未曾經專門學者詳細考証明白，所以那時代的紐韻，現在還未能斷定。本編只好缺而不講了。

國音沿革完

注音字母切音總表

				知癡師日	資雌思	
ㄅㄆㄇㄈ万	ㄉㄊㄋㄌ	ㄍㄎ兀ㄏ	ㄐㄑ广ㄒ	ㄓㄔㄕㄖ	ㄗㄘㄙ	
柏魄墨○	德忒能勒	格克額黑		摘拆瑟○	仄測色	ㄜ 厄
裨批迷○	低梯泥壁		基谿倪醯		齎妻西	一 衣
晡鋪模敷	都涂奴盧	姑枯○呼		諸初書如	租粗蘇	ㄨ 烏
	○○○閭		居袪女虛		疽趨需	ㄩ 迂
巴爬麻乏	打他拏臘	尬○○哈		渣槎沙○	雜○薩	ㄚ 啊
			加卡○蝦			ㄧㄚ 鴉
		瓜誇○花		撾○耍○		ㄨㄚ 蛙
波坡摩縛	多拖儺羅	歌科我呵		酌綽鑠弱	作錯索	ㄛ 疴

	○○○晗		覺確怯學		爵鶴削	(三)藥
	柔安挪騾	戈鄂○火		濁浞朔○	坐挫唆	又(三)窗
				遮車奢惹		廿○
別瞥滅○	釜帖○列		手茄梟俠	⋯	嗟且斜	(三)鄰
	○○○劣		橛闕○血		絕○雪	廿廿月
敗搬埋○	代胎乃來	該開駭咍		○齋差篩	○哉猜顋	万哀
			皆○○諧			万崖
	[illegible]	乖快○槐		○懷衰○		又万丕丕
杯坯背非(微)	○○○擂					八○

		邊篇眠○	班潘瞞翻	○○繆○	○裒謀浮	標飄苗○	包拋茅○	
○○○戀	端湍暖鸞	顛添○廉	丹貪南蘭	丟○○留	兜偷耨樓	刁挑○遼	刀叨呶勞	堆推餒雷
	關寬○歡		干堪岸頇		鉤摳謳齁		高尻敖蒿	傀奎○灰
捐圈○萱		肩鉛年軒		鳩邱牛休		交敲嘐枵		
	顓穿穰蠕		詹[illegible]刪然		舟抽收柔		㳙超燒饒	追炊誰蕤
朘痊宣	鑽攛酸	箋千先	簪餐三	啾秋修	諏湊蒐	焦鍫蕭	遭操騷	觜催雖
亥淵	又亥彎	亥烟	亥安	又幽	又歐	亥妖	幺鏖	又威

奔噴門分		根懇○痕		東鄰申人	忎○○	㐰恩
賓拚民○	○○憐林		巾欽○欣		津侵心	亠囟
	敦吞嫩倫	袞坤○昏		諄春脣閏	尊村孫	夂湶
			君葷○熏		遵○荀	幺薰
邦滂忙方	當湯囊郎	岡康昂航		張昌傷攘	臧倉桑	尢骯
	○○○良		江腔娘鄉		將蹡相	充央
		光匡○荒		莊窗雙○		尣汪
崩烹萌○	登騰能棱	庚阬○亨		蒸瞪生初	曾層僧	𠃊轄

兵淜明○	丁廳○靈		經卿擎馨		精清星一厶	英
蹦蓬蒙風	東通農龍	公空○甕		鍾充○茸	崇忪嵩大	翁
			扃穹○兄			雍
						儿兒
ㄅㄆㄇㄈㄪ	ㄉㄊㄋㄌ	ㄍㄎㄫㄏ	ㄐㄑㄬㄒ	ㄓㄔㄕㄖ	ㄗㄘㄙ	